天下文化

BELIEVE IN READING

星雲大師

談讀書

星雲大師 著

目錄

1 自序 馨香與華光

星雲大師談讀書

5 享受閱讀之樂
9 看小說體驗人生
12 床頭書
15 書的妙用
17 不讀書
20 常識人生
23 讀書「三到」
25 關於寫作
29 獨處時的良伴
31 善用圖書館
34 三更有夢書當枕
37 可貴的智慧
39 語言的重要
41 知識俯拾即是
44 人生康樂的最佳營養劑
46 讀書有方法
49 信件的力量

51 座右銘
54 隨時求進步
57 正確的用功法
59 思想的超越與融合
62 閱讀的重要
64 思所成慧
66 學以致用
68 讀書讀心
70 隨時隨地都可以讀書
72 發現真相
73 要利用零碎的時間
76 破銅爛鐵也能成鋼
79 為學與做人
82 如何學習
84 書香台灣
87 讀書的樂趣
89 終身學習
92 俗氣與道氣
95 早晚課
96 知識社會
99 學習的動力
102 活頁筆記
105 深度與廣度
108 遏止盜版
109 度眾的法門
111 忙中用功法
113 作家功德無量
115 怡情養性的寄託

117 選擇適合的牆跳
119 人生加油站
122 讀後感
125 等身書
127 學不會，教得會
129 要學就要問
130 有心學習

星雲大師的讀書筆記

133 以勤補拙
134 妥善安排歲月
135 我能學到什麼？
137 書的巧喻
139 書裡的啟示
141 你知道嗎？
143 睡得少有助於偉大事業
145 中國世界之最
148 以教代刑
149 屋頂上的校長
150 防水書
151 怪姓名趣聞
153 一笑解千愁
155 交友之道
156 身體力行
157 把握當下
159 人心獸心
160 話如衣冠
161 惰傲致敗

162 該與給
164 橄欖球
165 保密比洩密快樂
167 也是犯法
169 少看電視
170 出國為哪樁？
171 清靜時刻
172 嘮叨是福

星雲大師說故事

古籍故事

175 一句話的轉變
177 嚴以律己
179 剪裁官服的祕訣
181 不要看表面
182 是「石」非「瓦」
183 知音難尋
185 紀曉嵐的機智
186 像大海一樣
188 得意與失意
189 只知其一，不知其二
190 各有所長
191 用人哲學
194 助人來結緣
195 朋友的重要
197 富弼的包容
198 「拍馬屁」的由來

外國故事

199 挨罵能成就龍象
201 記得低頭
202 不被成功沖昏頭
203 盡力把牌打好
204 假眼的慈悲
205 節儉的洛克菲勒
206 政治人物的條件

寓言故事

208 樂觀力量大
209 尋找幸福
210 積習難改
211 心太軟的水鬼
212 生前就要奉獻
213 關在籠裡的鸚鵡
214 剎那與永恆
215 好人難做

與佛有關的故事

216 謙卑者得見佛陀
218 放不下
219 曬海苔
220 懂得轉境
221 莫貪不義之財
223 看不見別人的富翁
224 以智慧處事
227 不能代替

228 滴水和尚
230 追求永恆的生命

現代故事

232 創意思維
233 保持自己的水準
234 不捨一人
236 師公的墨寶
237 小費是歡喜錢
238 權充駕駛
240 方便法門
241 玻璃絲襪
242 為車子養老
244 買鞋加價

自序

馨香與華光

我自小沒有受過正式教育，至今連張小學畢業證書都沒有，但是，我一生與書結下不解之緣。

十二歲那年，我在棲霞山剃度後進入佛學院，書，成為我生命中的重要資糧。因為對閱讀的渴望，十五、六歲時，我極力向常住爭取擔任圖書管理工作，藉著整理書籍剩餘的時間閱覽群書。餘暇閱讀意猶未盡，甚至在夜晚熄燈以後，躲入棉被裡點著線香偷偷看書。夜幕下四周寂寂，被窩裡煙氣熅熅，少年的我早已知道，閱讀實在盈滿了馨香。中國古典小說、西洋翻譯著作、高僧傳記、歷史典籍……大量的珠璣文章，讓我的成長一路帶著書香。

那樣的馨香我不曾或忘、不曾捨離。長久以來，乘車在路上馳騁、搭機在雲間飛航、下榻在睡臥的床頭，時時都有書為伴。我覺得，閱讀可以讓一個人的心跳感應世界的脈搏，中外同在眼前，古今一體悉聞。所以不論如何奔忙，展卷在手充填我所有行程中的小小空檔，冊頁散發的氣息，讓我像暢流在香海之中的一條水脈，動力霈然。

我讀書，也寫書讓人讀。佛光山的創建，其實與「閱讀」有著莫大的關聯。三十多年前初始開山，《玉琳國師》、《釋迦牟尼佛傳》、《觀世音菩薩普門品》等書出版，因為有廣大群眾的購閱，稿酬所得才讓我能夠買下土地、築建殿堂。當時為了充實佛光山幾座圖書館的館藏，我寧願少吃一頓飯、少做一件衣、少乘一趟車，也要省下錢來為徒眾買書；而原本是我的路上書、雲間書、床頭書、衣袋書，也都成了圖書館裡的藏書。我讀的書，弟子們接著讀，這種感情的綿延、師徒的連線，透過書冊來流轉，我覺得那真是最美的交會。

這樣的交會，就像映照的光。《金剛經》的「金剛」兩字，意即鑽石，象徵晶瑩剔透、純淨無比的內在自性。鑽石由於完美無瑕的原子結構，是自然物中最清澈透明的物質，然而，它剛被開採出來時卻包覆著灰色的外層，必須經由匠人的細密磨礪、精準切割，才能綻放內在的華光，璀璨閃耀。人的讀書，就像匠人切磨鑽石，每一部書都是一具切割輪，磨除晦暗表層，讓智慧穿進內心，折射出美麗光芒。

一本本書，為人生打磨出一個個亮面，古人說：「腹有詩書氣自華」，一個人肚子裡有了書，這個人就有了華光。我們必須讓自己成為發光體，才能與世界的燦亮接壤。

美國有一位老翁在九十八歲時還背起書包上小學，一償讀書宿願，這個令人無限感動的故事，讓我想起高希均教授的一句至理名言：「人生的終點，不是死亡，而是與好書絕緣的那一刻；人生的起點，不是誕生，而是與好書結緣的那一刻。」近年天下文化大力倡導「讀一流書，做一流人」，編輯群從我的著作中輯出有關讀書的篇章，彙編為這一本書，今書出版在即，我喜為之序。

星雲大師

談讀書

王安石云：「貧者因書而富，富者因書而貴。」
培根也云：「研究歷史使人聰明，研究詩使人急智，研究數學使人精巧，研究自然哲學使人深遠，研究道德使人勇敢，研究理則與修辭使人知足。」
要做一個「完」人，永遠不能離開書。

享受閱讀之樂

對於鄉下小孩來說，上學可以滿足好奇心，而遊玩則是很吸引人的事情。我從小就是一個不喜歡讀書的人，最初讀私塾時是不得已才讀書，讀四書靠死背，而讀佛學也是死記，讀不出趣味來，不是讀書的種子。

後來爲了征服心理的障礙，我讀書的興趣和範圍逐漸增廣：從七言俚語小說到長篇小說，從歷史小說到言情小說，從外國小說到中國小說，從古典小說到現代小說。各種小說無所不看，無所不讀。在時間的更替中，慢慢培養我讀書的樂趣，那時候讀書，最恐慌的是把書看完了，下面不知如何去連接？尤其看武俠小說，每當閱讀到「請看下回分解」時，總想一口氣看出個究竟來，自己的心也被書中的情節所懸繫，而上下其間。

有人說：「三日不讀書，面目可憎。」現在的我，不能一天不展卷閱讀。我幾乎是見書無所不看、無所不翻，看書成爲我日常的習慣。事實上，讀書可以說是人世間最不勞而獲的事情。試想，古聖文人雅士，或以數年之功，或窮畢生之力，將他們所經驗、觀察、感覺、思索的事情，以生花妙筆著作成書，而讀者只要花費數日的功夫，便可以把書中所表達的思想、感情、精神、經驗、智慧，完全地吸收，這不就是不勞而獲的快樂嗎？

讀書雖然是一件賞心悅目的樂事，但是這世界上竟然也有無福讀書的人。哪些人無福享受讀書的樂趣呢？

一、官高權大或者春風得意的人。

二、富貴的人，因爲只耽於吃喝玩樂，哪有閒情讀書？

三、美麗的女人、英俊的男人，徒以亮麗的外表吸引人，哪裡需要內涵？所以也不必讀書。

四、聲音很大的人，也不喜歡讀書。

五、沒有讀書同好的朋友。

六、貪吃、戀玩、好穿的人。

七、好狡辯的人，一派歪理、邪理，強辭奪理，不喜歡吸收正常的知識。

八、沒有錢的人，買不起書籍，不能乘興讀書。

九、爲生活忙碌的人，爲生活而奔波賣命，哪有閒情逸致讀書？

十、天天跑三點半的人，更沒有時間讀書。

因此，一個人如果不能不斷地讀書，吸收新知識，好比存在銀行的款項，只有支出、沒有收入，收支勢必不能平衡，將會形成嚴重的虧空狀態，等到哪天資本耗盡了，人生也就停擺了。

一般人求學的心態，可以分爲下面三個階段：

一、小學生讀書，大都爲了應付考試。

二、中學生讀書，大都爲了通過聯考的關卡。

三、大學生讀書，只爲了不想被教授「當」掉。

眞正爲讀書而讀書的人，實在太少了，不肯讀書，無異放棄了世界上最可貴的財富。想起我自己，至今連一張小學的畢業證書都沒有，但是我有讀書的基礎與資源。現在我不必靠佛光山常住的經濟補助而生活，因爲我依靠自己出書的版稅，便可以度過此生了。文字般若也可以是生活的道糧。

最近，書局、書坊如雨後春筍般紛紛林立，市面上更發行一種圖書禮券或優待卡，目的在鼓勵大家多多讀書。甚至成立各種愛書人的團體，讓每天忙碌於工作的人，能夠留下一些空檔，將應酬、看電視的時間省下來，享受讀書的快樂，爲我們的社會開闢出一塊書香淨土。

看小說體驗人生

從小我特別愛讀小說，尤其是《三國演義》、《西遊記》、《水滸傳》、《七俠五義》等書，只要一書在手，就可以到達廢寢忘食的癡迷程度。我曾在檀信樓大禮堂跟學生們講了一個故事：

戰國時代，有一位士人名叫安鉎。一天，在上朝的時候，齊宣王忽說：「安鉎，來！」安鉎聽了，也對齊宣王說：「宣王，來！」朝中群臣對於安鉎的態度深感不以爲然，大家就問他：「王也曰鉎前，鉎也曰王前，可否？」

安鉎回答道：「王呼『安鉎，來！』如果我上前，是我羡慕王的地位、畏懼王的權勢而不得不趨炎附勢；假如我說『王，來！』而王眞的來了，便說明了他禮賢下士，尊重百姓。雖然是同一句話，卻有不一樣的意義。」

齊宣王聞畢，仍然表現得不屑一顧的樣子說：「王者貴乎？士貴乎？」意思是問帝王與士儒何者爲貴。

於是，安銼舉了一個甚具智慧的譬喻：「當然是士儒較帝王尊貴！過去齊秦兩國交戰，秦王曾經懸賞五百兩黃金要拿齊王的人頭，同時也宣布了一道命令，也就是士將不可侵犯齊國士儒柳下惠的墳墓，否則，將以極刑處之。由此可見，帝王之首遠不如一個死了的士人之墳！」

這時，齊宣王才認同安銼的看法，明白到士人不可侮辱的道理，他趕快下座，賞賜了安銼許多財寶，可是卻遭到安銼的拒絕。

在安銼的立場，他認爲按部就班、自由自在的生活，勝過帝王所賜與的瓊漿玉液，沒有罪禍加身是一個人最大的平安富貴，後來《戰國策》上說，安銼終身不受污辱是由於他那返璞歸眞的性格。

以上雖然是我五十多年前讀過的故事，但是我仍然記憶猶新。除了小說，我還喜歡看歷代偉人的傳記，像佛門裡的高僧傳、過去台灣的傳記文學，都是我必讀的。因爲在這些書裡面，海倫．凱勒告訴我如何克服殘障、邁向成功；居禮夫人道出她成為科學家的種種經過；中國許許多多的詩詞、文學、書法家，他們的成就也可以從書中找到答案。最令我感動的是多位外國名人和總統，他們有的當過送報生，有的當過小販，經過一段貧窮刻苦的磨練，進而成為時代的巨人。在中國，佛教界的太虛大師小時候也曾經是牧童，著名的八指頭陀窮得連飯都吃不飽，而他們成功的原因卻是我們最值得省思的地方。

說到成就，我認為任何成就都得來不易，一幢房子必須要靠一磚一瓦慢慢地堆砌，一草一木要仰賴灌溉、施肥才能開花結果，一個人的成就更是要經過多少的汗水、辛苦，多少的犧牲、奉獻才能換來。我相信天下沒有不勞而獲的成就，一個人之所以成功、偉大，是從平等無差的機會中努力爭取得來的。我希望佛光山的弟子們能夠珍惜身邊每一點、每一滴的好因好緣，好好地珍惜這個世界，細細地品味這個人生，除了要讚嘆一切成就之外，更要積極地創造自己的未來！

床頭書

凡是好讀書的人，床頭上多擺有「床頭書」。從床頭書就可以知道一個人的性格與興趣。他喜歡什麼，他的床頭書一定就會擺上幾本他喜歡的作品。

怎麼選擇床頭書呢？床頭書不要選大部頭的書，太重，捧讀起來很吃力；床頭書也不要選長篇的，容易失眠。最好是選擇古典的，古典書籍看起來很費神，看過就睡著了。你可以選擇語言的，因爲不太通達，所以很容易入睡；也可以選擇一些輕鬆的小品文，縱使沒有睡意，看了不費神。最好是選看智慧語錄或富含哲理的教言，看過以後，在睡夢中加以思惟、回憶，可以增長知識，開擴思想。

床頭書可以培養看書習慣，藉著看書減少雜念，訓練思惟，改變氣質，而且有益健康。從床頭書讓人聯想到，有的人喜歡買書當作裝飾品，家中總有幾套大部頭的書擺在書櫃裡，表示自己是書香世家，所以現在台灣《大藏經》一賣幾百部、幾千部，但是當中能有幾十人眞正去看它就已經很不容易了。

有人買書不看書，但也有人不買書，卻勤於上圖書館看書，現在的書局甚至極人性化的備有椅子，以供買書的人坐著慢慢選看，這些都有助於鼓勵全民養成買書、看書的好習慣。

床頭書一般而言，是最貼近心靈的精神讀物，所以要愼重選擇。現在一些不正當的情色雜誌、八卦新聞等，都不適合當作床頭書，因爲這種書報雜誌會腐蝕人心，對思想、靈魂沒有幫助。所以這類的書籍不但不能成爲床頭書，甚至連廁所都不宜置放。

現在一般人家中大都設有書房，至少也有專門讀書、寫字的書桌。床頭書顧名思義就是擺在臥室裡的床頭櫃，臥房既不是閱讀大書、研究學問的地方，也不能當作消遣、休閒之用。床頭書只是用來安心養性，可以增加知識，可以複習，加強記憶，但不宜太長、太大，以免影響睡眠。

床頭書是用來輔助睡眠，是休息的，但不能成爲習慣。現在一些青少年一看書就往床上一趴，到最後反而分不清是精進還是懶惰。尤其躺在床上看書，造成姿勢不良，同時影響視力，因此家中的燈光、寢具也不能不做整體的規劃。

床頭書究竟是有益呢？還是有害呢？就看你對床頭書如何規劃、運用了。

書的妙用

你買書嗎？你讀書嗎？你知道書的妙用嗎？

書的妙用可多了，你不明理，讀書可以使你明理；你是庸俗的人，讀書會使你有氣質；你煩惱不會做人，讀書可以使你心開意解，懂得做人的道理；你不知道時間如何運用，讀書可以使你的時間過得很充實。

書可以解惑，書可以明理，書可以致富，書可以教我們做人的道理。書中自有大千世界，書中自有顏如玉，書中自有黃金屋，書中自有聖賢道。所謂「一日不讀書，面目可憎；三日不讀書，言語乏味。」你要高貴嗎？「腹有詩書氣自華」，書的妙用可以成就你。

語云：「化當世，莫若口；傳來世，無如書。」半部《論語》可以治天下，《資治通鑑》能夠知古今，《二十四史》道盡天下的興亡，三藏十二部的《聖典》，敘述了宇宙人生的眞理。

日常生活裡，一本小書可解除你旅途的寂寞，一部格言可能讓你成聖成賢。床頭書幫助你入夢，圖書館開拓你生命裡的時空。書，不管大小，不管厚薄，不計精粗，書中的道理眞是妙用無窮啊！

高希均先生的《讀一流書．做一流人》中，有許多至理名言，說明書的妙用無窮。例如：

「書中的智慧遠比黃金屋更珍貴，書中的知識遠比顏如玉更迷人。」

「人生的終點，不是死亡，而是與好書絕緣的那一刻；人生的起點，不是誕生，而是與好書結緣的那一刻。」

「不讀書而有遠見，那是奢望；讀書而有遠見，就不是偶然。」

「最庸俗的人是不讀書的人，最吝嗇的人是不買書的人，最可憐的人是與書無緣的人。」

「與書相許，無怨無悔；與書結緣，有情有義。」

書之於人，影響之大，豈可小視？

不讀書

中國文化流傳了數千年，社會人士的階次，一直以士農工商爲次第。國家一直尊重士子，以士爲尊，讀書人都受到社會普遍的尊重，所謂「學而優則仕」，即使是政府裡的任何官階，也莫不是經過考試而由士子出任的。

然而非常不幸的是，中國人仍多數養成不讀書的習慣；六年義務教育、九年義務教育、十二年義務教育，就是因爲大家不以讀書爲貴，不得已只有以不收學費來廉價的出賣學問和知識，以廣招徠。

如果有人對中國的人口做一番普查，你將會發現，幾乎有近一半以上的人口不讀書，因此書店裡所出版的書籍沒有人閱讀，報社裡的報章雜誌少人披覽，書店紛紛關閉，報館一家一家改行。眼看著日本、美國的社會，火車上、渡輪裡，人人「人手一冊」，都在讀書；中國人則是「抱書生畏」，不然就是以看書來引起睡眠，高希均教授不禁大聲地疾呼「讀一流書，做一流人」，只是理想雖好，目標又豈是容易達到的呢？

古代以來，我們對於書香世家、書香子弟，總是敬重羨慕，但是現在縱有一些知識分子，大都被評為智慧型犯罪、聰明型的盜匪；知識只是用來當作騙取社會的手段，所以知識分子只能算作是高級的犯罪集團，所以知識分子的地位已經遠遠不如古代之受人尊重了。

現在沒有家庭教育，因為家庭裡不讀書；現在學校沒有道德教育，因為只有傳授知識的教育，造成社會沒有倫理道德，只講究詐欺騙術；甚至宗教家應該為社會倡導教育，但現在宗教的信仰者，也以不讀書為最多。

讀書的目的，就是為了明理，現在的社會上，就算是讀書的人逐漸增加，學校到處林立；讀書的人雖多，讀書的人雖有，可是明理的人仍然很少。現在社會上的人讀書，目的只是為了求得一個職業，只是為了獲得一些世智辯聰。你看，法院裡訴訟的人不都是知識分子嗎？唇槍舌劍、詆毀謾罵的人不都是高官和知識分子嗎？有些知識分子用知識來唬人，用知識來騙人，用知識來傷人，如此知識，不要也罷！

假如一個讀書的人，他能明白倫理，明白道理，明白情理，明白物理，明白事理，明白心理，也就是能把理路通達，則世間上人人懂理，讀書之可貴即在此中矣！

常識人生

人有多大的學問，可能不易爲人知道；人有多少常識，很容易就能讓人秤出斤兩來。

人不但要知道過去的歷史，也要知道地球的空間，甚至天氣，乃至各種民族間的文化、生活習慣，都要認識。就如看到烏雲覆蓋，就知道天要下雨；感覺風向變化，就知道氣候要變冷。

現在的社會變化更大，更需要很多的常識。你可以不知道電腦網路，但是你不能不知道e-mail的功用；你可以不懂得股市，但是你不能不知道股市對社會金融、甚至對你的經濟生活的影響；電視、收音機，你可以不看、不聽，但你不能不懂開關；行動電話，你可以不擁有，但遇到緊要關頭時，你不能不會運用。自己的生理衛生、醫藥常識，甚至到西餐廳吃飯，對於吃西餐的禮貌，你都不能不注意。乃至開會時，你要懂得會議規範；打電話時，要懂得電話禮貌；乘坐飛機也有乘坐飛機的常識。尤其現代的社會，許多新人類的用語，你也不能不知道，例如：K書、A錢、很酷、High到最高點、哈日族、e世代、銀髮族、辣妹、作秀……等。

人與人交往，有學問的朋友相聚，都會談古論今，都會談到現代的思潮，你不能不知，不能不曉。政治經濟、環保生態、教育軍事、工商科技，你可以不必成爲專家，但你對這許多學科不能沒有一些常識。例如，現在的升斗小民，也要懂得填報稅單向政府繳稅；出外旅行，進出國境，你也要懂得填寫表格，否則舉步艱難，生活不易啊！

古人有所謂「秀才不出門，能知天下事」。現在的時代，三天五日沒有看報，就好像被這個社會遺棄，可見「常識」對一個人是多麼的重要！

在社會上，遇到各種人事，種種稱呼，也是大有學問。例如，稱呼鄉長、世兄、王總、副座、夫人，甚至於台府、仙鄉、貴居、尊號等等，這些稱呼的常識也不能不知啊！

做一個現代人，民權初步，村里大會，你也不能不知道；各種選舉，所謂選賢與能，候選人的政見也不能不懂，否則怎麼能夠顯示現代的民權呢？甚至現在各種的產品和商品，如何使用，有什麼功能？你都應該知道。

佛陀有十個尊號，其中之一叫「世間解」；即使成佛了，也要了解世間，這就是常識人生。現代的人生難爲，這是一個知識爆炸的時代，每天有多少事項的變化，每天有多少新名詞的產生，每天有多少新法令的公布，每天有多少新知識的出現；如果不注意常識，何以面對現在的社會和人生呢？

讀書「三到」

清朝名政治家左宗棠，在寫給他兒子的家書上提到：

「……讀書要目到、口到、心到。爾讀書不看清字畫、偏旁，不辨明句讀，不記清首尾，是目不到也。

「喉、舌、唇、牙、齒五音並不清晰伶俐，朦朧含糊，聽不明白，或多幾字，或少幾字，只圖混過就是，是口不到也。

「經傳精義奧旨，初學固不能通。至於大略粗解，原易明白，稍肯用心體會，一字求一字下落，一句求一句道理，一事求一事原委，虛字審其神氣，實字測其義理，自然漸有所悟。一時思索不得，即請先生解說；一時尚未融釋，即將上下文或別章別部義理相近者反覆推尋，務期了然於心，了然於口，始可放手。總要將此心運在字裡行間，時復思繹，乃為心到……」

每看到這一段家書，倍感親切，好像是在替我述說一樣，爲人師者與父母心實不分軒輊。跟學生上課，不奢望大家都聰明得一講解就能了然於心，但卻很在意同學聞法的態度，最起碼要能做到目到、口到、心到。

《荀子》提到：「學不可以已，青，取之於藍，而勝於藍；冰，水爲之，而寒於水。」讀書除了可以改變人的氣質外，一顆柔軟赤子的心也可以變化氣質，不要想世間的人對我不好，而要反省是自我的慈悲心、包容心不夠，故爲人以率直、天眞爲要。

關於寫作

● 從「不知所云」開始

有徒眾問我，怎麼會寫文章的？談起寫作也有一段心路歷程。我在棲霞佛學院就讀時，有一次作文課，題目是〈以菩提無性直顯般若論〉，那時年紀尚小，還不懂題目的意思，但我仍很用心地寫了好幾張作業紙，批閱後，老師的評語是：「兩隻黃鸝鳴翠柳，一行白鷺上青天。」

老師竟然給我批了詩，我高興地拿給學長看，並問其意思，學長說：「這詩的意思是『不知所云』。」

又有一次作文題目是〈故鄉〉，老師給我的評語是：「如人數他寶，自無半毫分。」

文章寫不好是不知所云，寫得好則有抄襲之嫌，這種過程似乎是每一個行業成功必須歷練的。所以說沒有天生的彌勒、自然的釋迦。

•無我與有我

在棲霞山就學時，學院規定不准看報紙，但學生都想盡辦法偷看，尤其是看到同學的文章被刊登出來時，心裡就自許著，我也要寫文章。我的第一篇文章是〈鈔票的話〉，描寫鈔票被各種不同身分的人，如富人、窮人、有地位者、小人物使用時的感受。

那時年紀還小，對鈔票也不是很懂，只不過是平時從別人的言談中，寫下自己的看法罷了。沒想到這篇處女作竟被報紙刊登出來。有了這個鼓勵，第二篇寫的是〈平等下的犧牲者〉，內容描述貓要吃老鼠，老鼠認為不公平，貓就說：「我吃你不公平，那我讓你吃罷！」最後貓還是將老鼠吃了，在強權下，非對等的立場談平等，那是不可能的。

故時常提示弟子，學佛要無我，寫文章要有我。如果筆下的文字沒有「我的感情」、「我的思想」、「我的看法」，就不算是一篇好文章了。

●如何寫好文章

寫文章要如報社寫社論一樣有主筆室，大家商討後，將意見集中才下筆，故每句話都要有看法，每個例子都要有說服力，能讓人家看了起共鳴，這種集思廣義的方法，不僅可以訓練大家思想，也可以從文章中達到共識。

蒐集資料是寫文章不可少的工作，文章內容不僅要與切身有關，且要有社會性、世界性、啓發性，才不會失去下筆意義，否則空論泛談，言不及義，是引不起共鳴的。

在練習寫作方面，每天要訓練自己寫五百字以上的日記，寫一點意見、一件事、一個人、一句話、一個問題、與生活有關的一位老師、一堂課……寫出對此的看法、意見、感想（而非記流水帳地寫下起床、刷牙、上課、吃飯），能如此持續不斷地寫一、兩年，文思必然會有所增進。

文章是魔術，重在熟能生巧；文字是兵將，平時就要培養，屆時才能運用。每星期要讀千字策論，以訓練理路，啓發思想。筆是愈寫愈銳，寫好文章的不二法門，在一「勤」字。

獨處時的良伴

宋太宗是一位很喜歡讀書的皇帝，可是歷代的書籍那麼多，全部讀遍是不可能的，於是就請翰林學士李昉等人將古書分門別類加以整編。李昉花了五年多的時間，編成一部千卷大書《太平御覽》。太宗每天都要閱讀兩、三卷，有時事情太忙看不完，一定找時間把它補足。

逢到寒冬，看太宗在燈下苦讀，大臣就勸道：「白晝時短，國事又那麼繁忙，每天讀兩、三卷，不是太辛苦了嗎？」

太宗說：「對讀書，我只感到有好處和樂趣，不覺得有什麼辛苦。」

讀新書如晤良友，讀舊書如遇故人。人在獨處時，不管是良友也好，故人也罷，實是不可少的伴侶。

我也常常因「貪」看雜誌，而錯過就寢時間，到第二天要用早餐時，才驚覺一夜的流失。後來徒弟知道我有這個習慣，怕耽誤了我的睡眠，開始以分期的方式給我雜誌。

看書、讀報是我唯一的嗜好，也是我資訊的來源，它能促動我的血液感受到世界脈搏的跳動，乃至時代的腳步。我們看電視、聽收音機、照相，不都是要把頻率找好、焦距對好嗎？如果思想、意境不能跟時代同步，不就表示你被淘汰了嗎？更何況資訊的東西具有時間性，只要看那些記者，時常爲一個鏡頭、一則新聞，上山下海、乃至千里迢迢地趕飛機，就不禁要爲他們肅然起敬。（不過，對有些記者的筆下不厚道、不忠實，我則不以爲然。）

善用圖書館

（一）

儘管再怎麼忙，每天總要抽空去翻閱一些書報雜誌。

二十年前剛開創佛光山時，爲添購圖書館的書冊，常以步行的方式來節省車資，以便買書，甚至少做一件衣褂、節省一頓餐費，也要把書買到。佛光山圖書館裡的藏書，就是在這樣的情況下累積起來。現在的徒眾，輕易地從開架的書櫃取書時，有幾個人能體會當初我買書的辛苦？實在一言難盡！

物質的多少不是人生苦樂的根本，要擁有人生的喜悅、感恩和內心的智慧、般若，希望徒眾都有這一層的認識，好好利用圖書館，好好看書。

（二）

一般的圖書館，只是供人看書、閱報、找資料。我理想中的圖書館，一者要有寮房，為有心到此做研究的人，提供食宿，甚至研究費，讓他安心研究，但是一年半載後，至少必須留下兩萬字的研究報告，由我們編纂出書。二者有教室，讓學校的老師帶學生到此做短期的教學，我們也可以供給吃住。如此集合研究、教學、出版、閱覽等功能於一體，才是我理想中的圖書館。

（三）

研究科學要閱讀新書，研究文學要閱讀古書，研究經典則永遠要讀古今中外之書。

英國格拉斯哥市的某家書店門口總放著一箱舊書，有位靠獎學金過活的窮學生，在箱內看到一本學校指定要看的書，就每天花些時間讀一章。後來他賺夠了買那本書的錢，不料那本書已不在紙箱裡了。

他詢問之下，老闆伸手從身後書架上取下那本書，把它遞給窮學生道：「有位先生想買這本書，可是我知道你還沒有看完。」

這則故事令我很感動，爲窮學生的苦讀，爲書店老闆識才惜才的胸懷。佛光山目前擁有八座圖書館（男眾學部圖書館、女眾學部圖書館、研究學部圖書館、編藏處圖書館、大慈庵圖書館、民眾圖書館、普門中學圖書館、大慈兒童圖書館），不知此刻有多少人在看書？

三更有夢書當枕

看報紙有癮。一天不看報，就覺得少做了一件事。每天起床拜佛後，第一件事就是想看報紙。後來，曾有一段時期，很歡喜住在台北，因爲清晨五、六點鐘就有報紙可看。看了報，才開始一天的作息。有時住在郊區，報紙來得晚，沒看報，會覺得這一天還沒有開始。

除了看報以外，讀書也會有癮。與其說是有癮，不如說是習慣。十五、六歲時，在棲霞山律學院當圖書管理員，養成讀書的習慣。從古典書籍看到現代文學，從中國文學看到西洋文學。尤其古今中外小說，無有不看。養成讀書的習慣後，一日不讀書，心裡就有罣礙。

出門在外，搭火車、汽車，或乘飛機時，總要帶幾本書。覺得書比麵包重要。寧可餓一頓，也不願一天不讀書。因此，每搬一次家，就想在床頭放書。現在，讀書不全爲消遣，而是書有催眠作用。

有人希望知道我的床頭放些什麼書。大部分是古典的、艱深的，甚至英、日文的書籍。我看不懂，所以可以很快地睡著。過去讀書爲求知識，現在爲求睡眠。因此，唱誦可以令人入夢鄉，靜坐可以安定心神，看書可讓人容易睡著。看書很重要，睡眠也一樣重要。床，可以增加智慧，也可增加休息。

不禁回頭一看，有天下文化叢書、《現代佛學叢刊》、《大堂西域記校注》、《洛陽伽藍記》、《倪匡科幻小說》、《中英對照佛學叢書》。

佛光山圖書館的書大多是我以前的床頭書。西來大學也蒐藏不少我的床頭書。

我一生很好買書，記得二、三十年前，常到日本訪問，寧可一餐不吃飯，省下錢去買書。

有人批評我，經常看「床頭書」並非好習慣。但我從小不聰明，只得以勤補拙。雖然佛學院老師不准我們躺在床上看書，但是我時常點燃著香在被窩裡看書。看一句、唸一句。這一生中，從被窩裡的書、衣袋裡的書、手提箱中的書，一直到手邊的書、床頭的書，我這一生已和書結下不解之緣。

看「床頭書」是好習慣，還是壞習慣？各人看法不同，我覺得忙碌的人生需要「床頭書」。想要每天有宗教靈修的時刻，也需要「床頭書」。「床頭書」可以帶給人安定、啓發的作用，也可放鬆心情，有休息或消除疲勞的作用。

可貴的智慧

智慧，是人類知識的開拓、實踐經驗的累積，它隨著人類社會的發展而逐步昇華、豐富起來。在漫長的人類歷史長河中，從古至今，無論帝王將相，還是凡夫俗子；無論是領袖人物，抑或是芸芸眾生，無不倚重智慧策略。一個妙計，可以贏得一場戰爭；一個主意，可以救活一家工廠；一則良策，可以成就一樁事業；一番心機，更可以反敗為勝，化險為夷。

美國前總統雷根就是以一番智慧的話語擊敗孟代爾，贏得總統寶座。

一九八四年，雷根競選總統時已經七十三歲，他的對手是民主黨五十六歲年輕有為的孟代爾。在總統競選期間原本要進行六次電視辯論，雷根知道自己的體力條件不如對方，經過協議，最後只舉辦兩次的辯論。第一次的電視辯論中，雷根處於劣勢，孟代爾稍占上風，而孟代爾主要的策略是指雷根的年齡太大，難以應付繁重的內政外交活動。當第二次電視辯論一開始，雷根就發動攻勢。他說：「上次孟代爾說我年齡過大，但我不會把對手的年齡、不成熟這類問題在競選中加以利用。」一席幽默的話語引得眾人哈哈大笑，而且給選民留下了思維敏捷的印象。

美國某個植物公園每天都吸引了大批遊客前來，此植物園與眾不同之處是其圓門上方的告示牌寫著：「凡檢舉偷盜花木者，賞金兩百美元。」好奇的遊客問管理員：「爲何不按通常的習慣，寫成『凡偷盜花木者，罰款兩百美元』呢？」管理員不假思索地回答：「要是那麼寫，就只能靠我的兩隻眼睛，而現在可能有幾百雙警惕的眼睛。」這則告示眞可謂獨具匠心。

語言的重要

有一位從緬甸移民到洛城的華僑對我說：「我的孩子在家裡，都是以英語交談。我聽不懂，就問他們在講什麼？他們馬上回嘴道：『誰叫你不學英語。』我和同修以華語溝通時，他們也聽不懂，就問道：『你們在說些什麼？』我也不告訴他們，趁機教訓他們不學華語，所以才會聽不懂。」

很多信徒爲了替子女提供良好的讀書環境而移民，誰知道到了國外，孩子滿口洋文，言行舉止洋化，變成了「香蕉人」（外黃內白）。可是，有的外國人偏偏喜歡穿中國式的服裝，吃中國食物，欣賞中國文化，自稱是「雞蛋人」（外白內黃）。

我又聽說一則趣談。貓捉老鼠，怕被老鼠識破，就故意裝狗汪汪叫。老鼠一聽狗叫聲，很安心地出來覓食，結果被貓逮住，老鼠很不服氣地說：

「剛剛我明明聽到狗叫聲，怎麼會是你？」貓很得意地說：「這年頭不懂兩種語言，會沒飯吃的。」老鼠只好自認倒楣。

聽似有趣，背後的問題實耐人尋味。

知識俯拾即是

徒眾每天都會在旁「督導」，要我確實運動，但常常被沒有事先預約的訪客，占掉不少運動時間，再加上台北道場空間不大，實在算不上有運動，只好改以爬樓梯的方式，從一樓走到十三樓（共有兩百四十七個階梯）來運動。每走完一程，都會微微出汗，比在道場室內繞圈子跑香，更具運動效果。近半個月來，每次飯後，我都會準時做上下樓梯運動，一天爬三次。

徒眾看到我在爬樓梯，也會自動地跟在後面運動。偶爾在樓梯的行進間遇到其他樓層的人士，很自然地就會讓到一旁給他人通行。有一次，一位先生從我們身旁經過時，說道：「眞不好意思，還讓您們『退避三舍』。」

現在的年輕人即使會用成語，但往往知其然而不知其所以然，常常文不對題。其實，退避三舍的「舍」，是古時計算行軍時，每三十里叫「一舍」，三舍便是九十里。所以「退避三舍」，指的是在打仗時退兵九十里。其典故如下：

春秋時，晉獻公有三個兒子，立長子申生爲太子，重耳及夷吾均爲公子。後來驪姬又爲獻公生了奚齊。驪姬想要獻公立奚齊爲太子，就設計害死了申生，公子重耳和夷吾聽到消息就逃走了。獻公死後，奚齊即位，但卻被大夫里克所弒，夷吾立刻奔回國即位，稱晉惠公。惠公怕哥哥重耳回國和他競爭，就派人去刺殺重耳，這一來，重耳再度展開一連串的逃亡，最後被楚成王所接納。

有一天，楚成王和重耳閒談。楚成王問：「公子，假如有一天你能回到晉國，又當了君主，你要如何報答我呢？」

重耳回道：「君侯身邊的侍從，以及圭璧、珠寶、絲綢都多得很；做爲裝飾用的鳥羽、獸齒、皮革，又是楚國出產的；晉國流行的東西，也都是君侯享用之後，晉國才會有的，所以我實在想不出用什麼來報答您。」

楚成王繼續問：「話雖這麼說，可是，你總有什麼可以報答我的吧？」

重耳說：「假使我能回到晉國，又當上國君，那麼，有一天，萬一和您在中原戰場上相遇，我就叫晉軍後退九十里，做爲回報。」

後來重耳眞的回到晉國即位，稱爲晉文公。四年後，晉國因援助宋國而和楚國兵戎相見，文公爲了實踐當年諾言，便令晉軍後退九十里，直到城濮（今河南濮陽）才停止，這就是「退避三舍」一詞的由來。

徒眾說：「跟師父跑香眞好，除運動外，還可以聽故事，增加常識。」

其實三人行必有我師，知識就在我們四周，只要用心，俯拾皆是。

人生康樂的最佳營養劑

在佛學院圖書館兼任管理員期間，我除了日以繼夜整理《活頁文選》之外，還經常忙裡偷閒，翻看《水滸傳》、《三國演義》、《基度山恩仇記》等中外名著。甚至在開大靜之後，點著線香躲在棉被裡偷偷閱讀，直至天亮。就這樣數年之間，拜忙中自修之賜，我不但得以遍覽群書，更激發對文學的深厚興趣。

古人說：「書中自有黃金屋，書中自有顏如玉。」四、五十年前，正是民生困乏的時代，有人又說：「教書自有香菇麵，教書自有好供養。」但我覺得，教書之樂不在豐衣美食，而在灌輸大家正確的觀念。所以每次收到些微稿費或嚫錢時，我總是拿去購買佛書，與佛子們結緣。忙著做一些有意義的事，實在比黃金屋、顏如玉、香菇麵好供養，且更有價值。

記得那時我常常爲了一場講座，從宜蘭坐上一天的火車到高雄，演說完畢，又從高雄乘夜車回到宜蘭。在北宜線、縱貫線上，我雖然耗費了無數光陰，但生命的力量卻隨著滋長，怎不叫人歡喜？除了定期的講演之外，我馬不停蹄地忙著到工廠爲勞工開示，到碼頭爲漁民布教，到監獄爲受刑人皈依，到軍營爲官兵們說法。有人說時間難捱，我卻覺得一天二十四小時瞬息即過，恨不得一天能有四十八小時可以使用。

滾石不生苔，流水不生腐。忙，才能發揮生命的力量；忙，才能使我們身心靈活起來。經云：「若行者之心數數懈廢，譬如鑽火，未熱而息，雖欲得火，火難可得。」又說：「人所欲爲，譬如穿池，鑿之不止，必得泉水。」藉著忙，將自己動員起來，才能一鼓作氣，先馳得點。如果能善於忙碌，「忙」就是一帖人生康樂的最佳營養劑。

讀書有方法

有人很會讀書，深得其樂；但有人對讀書的感受則宛如嚼蠟，毫不知味。我深爲不讀書者感到可惜！憶少時，我會識字，是由於不識字的母親說歷史故事中識得的；我會辨別佛法、是非正義，是從老師怪腔重調的方言中領會得來的；我會讀書、教書及講演，是由不懂教學方法的學長及老師身上學來的，因爲我常常在揣摩：「假如現在是我站在講台上，要怎樣說，才會讓人更容易聽懂？」因此，讀書要靠自己，這是非常要緊的！

我以爲讀書是求得知識的必要過程。它是做人明理的鑰匙，是自我心靈的探險，是點燃知識的火種，是般若智慧的泉源。讀書的感受如果達到黃山谷所言：「三日不讀書，便覺面目可憎，言語乏味。」的境界，便能進入箇中三昧，因爲讀書是一種樂趣，已經成爲文明生活的共識。正因此，社會有識之士大力呼籲——共創一個書香社會，以代替現今富而不實的台灣現況。

你們不是常見西方人士隨時隨地人手一冊的情景嗎？日本的地下鐵，放眼望去都是閱畢的書籍，而不是充斥著垃圾；以色列的家庭中，可以沒有餐廳，卻不能沒有書房；但中國人似乎就差這麼一點。因而佛教寺院中的藏經樓，與大雄寶殿、齋堂，同等重要。佛光山上的大眾，平日除忙於弘法、事務外，還保留著讀書、閱經、修行的生活習慣，這是相當可貴的。

在我認爲「讀書」以融通爲主，以方法、技巧爲輔；讀書以勤、熟爲功效，以用心、下手爲實際。對於讀書，不要認定讀白紙印字的書冊才是讀書，讀「人」、讀「生活」、讀「社會」的書，也是一部大作。因此，日本一休禪師「曬藏經」之諷，不可不知。因爲書本縱然可以提供我們一些概念，但生活才是我們的內容，然而，這般融通境界，畢竟是最終理想的結果，卻也不可忽視平時的讀書方法。

茲分別說明如下：

一、鍛鍊思考：「要有活見解，須下死工夫。」也就是深入精研，自然產生思想的頭緒。在每日生活中要「思考於清晨，行動於白晝，反省於日暮，休息於夜晚」。

思考目的乃爲測定行爲的方向。有效的讀書，不只是記憶與背誦而已，須加上想像、組織、增刪、歸納、分析與實用。以佛典爲例：「經」是佛菩薩所說，「論」是祖師大德體證而寫，「疏」是個人意見的抒發。因此追溯佛法，可多閱經思索，可常讀論反芻，但不要執於注疏的主觀看法。

二、蒐集資料：凡是手可以觸摸的資料，不輕易罷手；凡是眼睛可見到的消息，不隨便放過；凡是耳朵可聽聞的資訊，不任其流失。凡是資料都翻一翻、看一看、聽一聽。對於得到的資料要勤於文事抄寫。隨時寫雜記，重視寫筆記，最好天天寫日記。胡適之日記可以一寫五十年，是受了格拉罕・華萊士（Graham Wallas）的影響：「人的思想是流動的，你如果不當時把它用文字記下，過時不見，再也尋它不得。所以一枝筆和一片紙，要常常帶在身邊。」因此，希望我們不要被我們的懶筆，斷送了可能有結果的思想，和損失將來可做人、處事、爲學的參考資料。

信件的力量

韓愈在三十歲時，寫了一封給宰相的信，裡面提到：「有一個人，每天讀書寫文章，居困守約，沒有一點怨恨，只希望求知於天下。歷經禮部四次推舉、吏部三次選拔，還是得不到一個九品的官位，怎不叫人惶惶不安？

「全國這麼大，無一處容身，每天吃不飽、穿不暖，雖有人笑我太傻，但我還是很堅定的等候消息。

「當前的仁人如您，我如果不把自己的處境向您陳明，那就是自棄。所以我寫這封信給您，說明我的心意，如果再不得志，只好自嘆命薄。

「全中國只有一個國君，整個四海只有一個中國，離開了這個地方，那只有『去父母之邦』了。一般行道士人，如果不能得志，只有遠走山林一途。

「山林是士人獨善其身、自養安身的處所，也是一些『不憂天下』的人安處的地方，如果是一個『有憂天下』的人，他就很難在山林裡待下去。「我很慚愧，不斷寫信向您求進，我的雙足也好幾次走過您家大門，仍然『不知止』地來求您。我惴惴不安的是憂慮我不能進入您這『大賢之門下』，請您垂察！」

無論在古代或現代的觀點，寫信自薦是非常適宜的，韓愈就因爲能投書於公卿間，故相鄭餘慶，頗爲之延譽，由是知名於時。

四年前我在西來寺閉「方便關」時，每天都會收到由四面八方來的信件，我統籌地回了〈給信徒的一封信〉、〈給佛學院學生的一封信〉、〈給徒眾的一封信〉，私下我還前後回了近三百封的信件。到現在不僅徒眾，很多信徒每跟我談話，有時話題都離不開信中的內容。

可見一封信，可讓人回憶很久，筆下有慰問、有鼓舞、有關懷、有訴求、有期望、有等待，自然會讓人有信心、有希望！

座右銘

有信眾向我表示，很喜歡看我日記中所提的名人格言，都是他們做爲「座右銘」的好句子。

「座右銘」一詞始於東漢崔瑗。在《文選・崔瑗》題注上云：「瑗兄璋爲人所殺，瑗遂手刃其仇，亡命，蒙赦而出，作此銘以自戒，嘗置座右，故曰『座右銘』。」

清道光元（一八二一）年，東陽令陳海樓曾在北京得到岳飛的一方端硯，硯色紫，體方而長，背鐫「堅持守白，不磷不淄」八字，字爲行書。此硯後爲文天祥所得，文天祥又刻上：「硯雖非鐵而磨難穿，心雖非石而如鐵堅，守之勿失人道自全。」岳飛和文天祥就是以這銘文做爲自己立身處事的準則。

用座右銘來自我策勵，是很可取的方法。座右銘有階段性的，也有終生的；座右銘不只要銘記在心，尤其要落實於行。國父立志「要做大事，不要做大官」；佛陀發願「不成正覺，誓不起此座」；印光大師的「老實唸佛」，乃至一個計程車司機，在宜蘭山線駕駛四十年，從未有違規的紀錄，因爲他謹守「不急不急，安全第一」的原則，成爲自己一生奉行不渝的座右銘。

其實，很多格言都可以做爲自己的座右銘，端視你當時的心境，是否需要它，是否覺得它能砥礪你。松下幸之助以「挨罵就是進步的原動力」來激勵自己，因此他能從困境中脫穎而出；日本勤王運動中之第一功臣西鄉隆盛，他的座右銘爲「人貴厚重，不貴遲重，尙眞率，不尙輕率。」由此可見他的老成持重。

座右銘其實就是人生自我的定位，是自我設定的目標。如東漢崔瑗的〈座右銘〉：「無道人之短，無說己之長。施人愼勿念，受施愼勿忘。俗譽不足慕，唯仁爲紀綱。隱身而後動，謗議庸何傷。無使名過實，守愚聖所臧……」乃至佛門的禪堂裡，維那師以「大眾慧命，在汝一身；汝若不顧，罪歸己身。」時時自我警惕。也有人以「什麼都可以不信，不能不信因果」、「寧可天下人負我，我不負天下人」，這些明因識果的警世之語，對於吾人的道德修養、人生目標的確立，都有正面的激勵之功，實應書之於案，以此做爲吾人自律的座右銘。

隨時求進步

（一）

男眾學部學生慧傑，因感學部所排功課不能滿足他的求知欲望，想自我進修，要求我准許他辦理休學。利用下午下課時間，找他來講話。

慧傑的想法、感受，我昔時在棲霞山也有過。不過，我是從那些不會教書的老師處學會教書，從不會領導的老師處學會領導，人在學習的過程，要好壞全部接受再自我過濾、調整，凡是能接受人家的都會成功，在不順遂、不甘願下忍耐，是一種心志的磨練。環亞總裁鄭綿綿的家世大家都知道，但她剛進入公司工作時，是從掃地、擦玻璃中去體驗生活，所以一旦做上總裁就能領導他人。

（二）

人生的每一分鐘、每一秒鐘都要用在有用之處，不可浪費時間，學非所用。一個人的成功，發心、立願、明理、人緣、能力、責任……都是成功的因素。讀書，只是這些因素中的一項，就如六成就一樣，要眾緣和合。人讀書讀到某一階段，先服務一段日子再讀，才會體會自己的欠缺、不足、不夠、不能。

「讀而不讀，不讀而讀」，要理事圓融，不要將事理分開，工作也一樣可以讀書。我提倡辦學，但不喜歡死讀書，讀書是要拿出來用，所以要讀快樂的書，有「用」的書。

（三）

歷史學家黎東方教授曾送我一本他的著作《孔子略傳》，是中英文對照的。孔子父親在政府中的地位，孔子本可以讀公立學校，但爲幫助母親家計而去打工，沒有進學校讀書，但卻能懂得學校所教授的禮、樂、射、御、書、數等六藝技能。

一個人只要有心、肯學習，環境並非絕對的因素，最怕的是本身墨守成規，對別人的改進常用「以前就是這樣」的口頭禪來否決。有人說，讀書不達世務是腐儒，不體聖言是呆漢。不懂得隨時求進步，只會固守己見排拒他人，終究會被團體、社會所淘汰。

正確的用功法

記得以前我在焦山佛學院讀書時，一篇文章只看了十分鐘，老師就考試，訓練我們博聞強記、急智反應。有時上些理則學的課，當時年紀還小，思想未成熟，實在聽不懂，但卻能把握到「凡是道理一定要有原則」，能合理、合情的才是大眾需要的。雖只是一堂課的概念，我就能終身受用；上課若聽不懂，抓不到重點，上起課來不僅乏味也不受用。

聽一場演講、看一篇文章、讀一本書後，自己能講得出重點，或從中得到一些啓示、共鳴、意見……那你看的、聽的才是自己的。否則講不出聽不懂，徒然浪費時間。

做爲一個學生，應如何用功？

一、會「聞」。沒有聽聞就不會接受，學生不接受，則上下不能相應，不能相應又如何教育？故「接受」在學習過程中很重要。佛經中「諦聽！諦聽！」就是聞的眞義。

二、會「思」。聽了以後要懂得深思，反芻才會消化，吸收才會受用。佛經中「善思！善思！」就是思的眞義。

三、會「修」。道理聽了，也信受了，接下來就是要自我奉行，付諸實踐，才不會變成空談。佛經中「信受奉行」就是修的眞義。

我在少年求學時，就培養「會聽、思想、奉行」的習慣，就是所謂「以聞思修、而入三摩地」。什麼是正確的學習態度？《中庸》上講得很好——學習要廣博地學，詳細地求教，愼重地思考，明白地辨別，切實地實行。

除非不學，要學就要學會，否則，絕不放棄；除非不問，要問就要問清楚，否則絕不放棄；除非不想，要想就要想清楚，否則，絕不放棄。

別人學一遍就會，我要學一百遍；別人學十次就會，我要學一千次。果眞能這樣學習，再笨的人也會變得聰明，再柔弱的人也會變得堅強。

凡事要不斷地累積，不斷地學習，才會成功。

思想的超越與融合

我認爲書要讀得好，除了懂得準備資料以外，思想的訓練尤爲重要。眾生本自具有的佛性中，蘊藏有無限的潛能，其開發拓展即有待於思想的訓練。

所謂「源頭若清，波瀾自闊」，思維活潑靈巧，就如同河流源頭的一方活水，自能洋洋灑灑，宣洩出壯闊的波瀾。以古證今，固能窮諸本源，若能進一步闡揚精闢的佛理，使之落實於現代社會，爲人類創造幸福美滿的生活，則更能與佛陀示教利喜的本懷相應；而研究宗教，學術論點與宗教情操是不能分開的，否則空有骨架而無血肉，就不能將這個宗教研究得鞭辟入裡。

有一則廣告標題是「燧人氏哭了！」鑽木取火的燧人氏，因發明了火，而將人類帶進文明。火，能成熟大地萬物；火，能溫暖人心。其對人類貢獻可見，爲什麼燧人氏要哭？原來是「電磁爐」的廣告，不禁令人會心一笑。

思想的潮流是推動人類與世界進步的唯一原動力。美哲學家威爾・杜蘭認爲，人類史上最偉大的思想家有：孔子、柏拉圖、亞里斯多德、阿奎奈、哥白尼、培根、牛頓、伏爾泰、康德、達爾文。

有句話說：「如果對哲學只是一知半解，就會變成無神論者；如果對哲學有精深的研究，就自然會歸向宗教。」可見從事弘法工作的人，其思想領域要更超越。

南宋時，朱熹與陸九淵兩人只要一碰面，都會極力地提出自己的見解要對方接受。有一次，朱熹對陸九淵說：「要教育學生明白道理，必須多讀書。」

陸九淵回道：「道理存在人們的思維中，書讀多了，反而糊塗。」

朱熹又說：「學習不破萬卷書，怎能有出息？」

陸九淵說：「書籍堆積如山，何年何月才能讀完？」

這兩位當時頗具影響力的學者，雖有治學思想的分野，但並沒有妨礙他們的友誼，兩人互拜爲師，取長補短，完全沒有門戶之見。朱熹在廬山腳下辦起「白鹿洞書院」時，不但請陸九淵來講學，還將其治學警句鐫刻在石碑上，立於書院門口。

儘管思想不盡相契，但在學術的大前題下，仍能互尊互重，實是「融和」的最佳典範。

閱讀的重要

弘法之餘，閱報看書是我最大的樂趣。古德說：「有工夫讀書，謂之福；有力量濟人，謂之福；有學問著述，謂之福；無是非到耳，謂之福；有多聞直諒之友，謂之福。」忙了一整天，睡前在靜寂的寮房內看報，實在是一種享受。

古云：活到老，學到老。一個人唯有努力不懈地學習才會迅速地進步，知識的累積，不僅是單靠年齡的增長，同時也包括了閱讀與思想的開擴。從閱讀中，使我了解到國家社會的最新動態，閱讀也讓我掌握了時代尖端的脈搏。

書，對我們人類來說實在太重要了！有的人將書比爲麵包、有的將書引爲良師、有的將書喻爲渡輪、有的將書喻爲階梯，甚至更有人將書奉爲水源與陽光。著名作家魯迅曾說：「倘能生存，我仍要學習。」廣受大眾歡迎的高爾基也表示：「我撲在書本上，正如我撲在麵包上那樣的貪婪。」可見一個人的成功與書有著密切的相關。

除了肯讀書，一個會讀書的人還要懂得利用時間去讀書。明朝錢鶴灘的一首〈明日歌〉給與我很大的啓示，上面寫道：「明日復明日，明日何其多！我生待明日，萬事成蹉跎！」

思所成慧

在自我進修方面，我建議徒眾每天花四小時來研讀一篇《佛教》，如此用功一年，弘法演講就不會覺得困難。讀書要學習思維和背誦，我常常在百忙中翻閱《胡適之全集》，覺得胡適之了不起，他有見解、思想、富有領袖氣質；另外，羅家倫的《新人生觀》也翻了又翻，看了又看；《古文觀止》到現在爲止，我依然會背誦，而且非常熟悉。學習思考，要能「思所成慧」，不光是讀才會進步，思想的同時就有進步。

談到教育學習，又讓我想到有三等的教育家——

上等的教育家，教導如何做人；中等的教育家，教導做事求知識；下等的教育家，什麼都教不會。

對於一個成功的人，我認爲——

上等人經得起千錘；中等人經得起打罵；下等人顏色不對就完了。

一個人成功的條件，不外乎謙虛、忍耐、慈悲、勤勞，無限地奉獻。成功，並不是上帝賜與，完全要自己用功，一切靠自己努力，假以時日，必然成功。今天我悟到一個字——「敢」。過去只是懂得、明白，而今「敢」字一直在我心中迴旋蕩漾，我們要敢，一個人有沒有做爲就看你敢不敢。大慈悲、大智慧，要敢；爲善不落人後，也是敢；敢學習、敢疑惑、敢擔當、敢提起疑情、敢問、敢想、敢寫、敢說，只要意之所在，要敢，因爲「敢」，才能快速成長！

學以致用

在我座下出家弟子當中，有一個很好的現象，就是出家以後，懂得孝順父母，更懂得進修讀書。尤其是每逢學期結束，新的學期開始，要求再進修或到海外參學的人很多。

我非常贊成，也很鼓勵大家讀書，更歡喜大家用功，但讀書除了要有讀書的條件外，更要自知，讀書要做什麼？拿到學位後要做什麼？能做什麼？

想成爲作家？（眞正能達到嗎？）

想做一個教育家？（可以成功嗎？）

只想從事公文行政方面的工作？（能就所學開拓思想，做很多策劃工作嗎？）

花費三年、五年、八年的時間來讀書，如果拿到學位後，回常住不知道能做什麼，不能爲常住所用，這種讀書實在是浪費時間。依我的經驗，在現實生活中，能一邊工作，一邊進修讀書，做多少就會有多少的收穫，這種學習法，比較容易成功。

最怕的是，花費許多時間來讀書，不僅書讀不好，還把人讀懶了，讀成邪見怪僻或高傲看不起人，這種讀書有什麼用？我自己是屬於一邊讀書一邊學習的性格，很多知名的成功人士，大多是在半工半讀中自我成就的。所以讀書不一定是好或壞，而是要能學以致用，才是重要。

希望佛光山的弟子，都能懂得讀書，而且知道如何去進修。

讀書讀心

到佛光山來求學，入學院進修，不光是來讀書、看經的，來這裡讀書更需要多一份的體認，以下提出四點供大家參考：

一、讀「做一個人」：一個人儘管學問再好，事業再大，但不一定會懂得做人。俗云「仁」，非一個人，而是兩個人才能成「仁」。所以生活在社會上，一定要懂得群我關係，要懂得尊敬人，要爲人服務，將歡喜快樂給人。所以到佛學院最主要的是要讀「做好一個人」。

二、讀「明一點理」：今日社會大眾，雖然知識普遍提高，但不明理者依舊不少。一個人若不講理就與禽獸無異，因人是講理的，尤其是做人的道理。不明理的人，讀再多的書也沒用。

不明理表示無明，不健全，所以我們讀書是爲了理路要通順流暢，要以理待人，讀書要明一點理。

三、讀「悟一些緣」：宇宙世界的成就，在於一個「緣」，眾緣所成，在世間上若因緣不具足的話，則無法成就事業。緣起緣滅法中，對人、對事要培緣，進而廣結善緣，將因緣讀出來，悟出來，至少每天要有一小悟來修持。

四、讀「懂一顆心」：現在的人會讀書，但不懂得自己的心，平常可以看很多人，但看不清自己的心念。

由此可知，今日社會學校教導的都是向外追求知識，至於自己的心是如何則一無所知。一念瞋心起，則整個思緒皆為煩惱所獨占，不能做主。故學佛要注重因緣，讀懂自己的一顆心，心明白了，則一切就明白了。

隨時隨地都可以讀書

我一生主張「讀萬卷書，行萬里路」，山林水邊都可以讀書。讀書不一定要靠老師，會讀書的人，圖書館就是最好的老師，不會讀書的人，讀了十年，一句話也聽不懂。

在求學的過程中，必定經歷很多老師的教誨，要懂得從他們身上去取寶，不要數年後，仍是如人數他寶，自無半毫分。師長們的教誨舉止，要能點滴受用。

馬路上絡繹不絕的行人車輛，皆是爲了生活在忙碌，我們何其幸福，可以無憂無慮地讀書，想到這裡，怎能不感動？

所以在馬路上行走，也是一種讀書，要將感恩心讀出來；與人相處，要將體諒心讀出來；對資質比我們差的人，要將不嫌棄人的心讀出來。大塊假我以文章，隨時隨地都可以讀書。

大丈夫失意時不灰心、得意時不自滿。山河大地中，也都有我的一份，任何時地將一個理字讀出來，讓自己做個明理的人。

發現真相

留心，能發現問題；研究，能解決問題。

九時，至美濃訪朝元寺住持慧定法師，由永傳、依門陪我同行。在往美濃路旁，看到一個橫列的招牌，從左讀去，是「吃小和尚」，依門對這個招牌一直放不下，直嘀咕什麼名字不好取，要取這個？

下午我們從朝元寺回佛光山時，再注意這個招牌，從右讀去：尚和小吃。才恍然「尚和」是個地名，人家取尚和小吃並沒有錯呀！只是因不了解真相而誤會罷了，想想不禁啞然失笑。

在世間上有很多親眼所見、親耳所聽的事，並不見得是眞相，怪不得佛陀常要教誡我們：諦聽，諦聽，善思念之。

要利用零碎的時間

我十二歲出家之後，就進入佛學院讀書。我的同學都是高頭大馬的成年人，在年齡上、在思想上就差了一截，其中最困難的還是面對艱澀的佛學名相，讓我最爲頭痛，每次上課，我幾乎都是在如聾若啞、不知所云中苦苦地捱過。

有一天，海珊法師大概看我們不知道如何用功，語重心長地向大家說道：「你們要會利用零碎的時間啊！」這句話如同晨鐘暮鼓般，給我很大的啓發。往後數十年，我分秒必爭，不但學業得到迅速的進步，甚至許多心願、事業也都是在「零碎的時間」中完成。「利用零碎的時間」這句話也就成爲我一生中最重要的法語之一。

由於我懂得利用「零碎時間」，訂計畫、想辦法，所以，無論是坐火車、坐汽車、坐飛機、坐輪船，無論要花費多少鐘點，路程多麼曲折輾轉，我不但從未感到時間難捱，反而覺得是席不暇暖的弘法生涯中最大的享受，所以我常常自豪地告訴別人：「公路、天空是我的床鋪，汽車、飛機是我的餐廳，一本書和膝蓋是我的書桌，一隻筆是我所有的動力。」也因此過去幾十年，我南來北往，乃至國內外來回，一點都不覺得浪費時間，甚至覺得「零碎時間」也不夠用。

記得有一次在華航飛機上，曾在翻閱雜誌時，見到張岳軍先生的大作，裡面佳句不斷，明知即將著陸，還是不忍釋手，終因時間不夠，無法看完，下了飛機之後，只記得剛開始的一句是「人生七十才開始」，其他內容已不及閱讀，不免遺憾萬千。高希均教授的感人大作〈八張機票〉也是在飛機上看到的，但也因為匆匆一覽，現在回想內容，也記不清楚了。

直到現在，我每次只要一上飛機，就趕緊閱讀書報雜誌，恨不得一口氣全都看完，以致於到達忘我的境界，深深感念到經中所謂的「聞所成慧，思所成慧，修所成慧」，是多麼奧妙的哲理。原來，聽聞不足，必須補於思考；思考不足，必須補於實踐。而思考的訓練、修行的實踐，都必須靠永恆持續地精進不懈，其中，「零碎時間」就是我們用功的最好時刻。

破銅爛鐵也能成鋼

小時候因為家境貧寒，無法和其他小孩一樣上學讀書，受完整教育，所以一直很自卑，總覺得自己好比路邊的一塊破銅爛鐵，一無是處。十一歲那年，我無意間和外婆談起心中的感受，外婆告訴我：「傻孩子！破銅爛鐵有什麼關係，只要肯在大冶洪爐中熬煉，破銅爛鐵也能成鋼。」這句話猶如黑暗裡的一道光明，引領我走向多采多姿的人生。

老師的責備，同學的恥笑，我都視為當然，自知聰明才智比不上別人，惟願以勤奮的做務來彌補不足。因此，當大家還在溫暖的被窩裡時，我摸黑起床，打板司鐘；當同學在自修時，我發心到河邊挑水供養大眾；三餐前後，我趕去齋堂行堂灑掃；課餘之暇，我前往大寮典座，在熱爐沸湯、柴米油鹽中穿梭不停。佛門裡有句話說：「金衣缽，銀客堂，珍珠瑪瑙下廚房。」

平凡無比的青菜蘿蔔禁得起大火燒燉，所以能煮成珍饈美味的上堂齋；同樣地，一文不值的「破銅爛鐵」，只要肯接受千錘百煉，也能鑄成風雨不蝕的不鏽「精鋼」。在勞苦的做務裡，我學習到數量的掌握，時空的拿捏；在觸類旁通、應用萬端之下，日後各種大小活動的策劃進行再也難不倒我。

我自覺學問淺陋，所以極力向常住爭取擔任圖書管理工作，藉此機會閱覽群書；我自忖天資愚昧，所以上課時聚精會神，博聞強記。每天我利用零碎時間伏案思索，在日記上發抒我對一件事的意見，對一個人的描述，對一堂課的感想，對一句話的看法……久而久之，文思如泉湧般地瀉入筆端；每月將盡，我將學習所得編成一本《我的園地》，裡面有詩篇、有散文、有論說、議事……年少時的自我鞭策畢竟沒有白費，直至今日，山河大地、風土人情，無一不是我弘法的素材，正所謂「大塊假我以文章」。因此，我常勸勉年輕人不要畫地自限，只要肯不斷虛心地吸收世間的光熱，自我塑造，自我建設，「破銅爛鐵也能成鋼」。

「破銅爛鐵也能成鋼」，過去是我勉勵自己的座右銘，如今卻成爲我接引人才的方便之道。其實，在古今中外，正有許多名人的範例足以做為我們勵志修行、待人接物的榜樣。像愛迪生小時候被老師視爲低能兒童，但是在母親循循善誘之下，吸收了許多現代知識。長大以後，一生從事發明，造福無數人群，帶動文明的進步。松下幸之助十一歲輟學，十三歲喪父，三十四歲時，唯一的兒子出生僅六個月就夭折，他自己一生則受病魔糾纏，四十歲以前，有一半的時間都臥病在床，但憑著樂觀進取的精神積極奮鬥，不但壽達百歲，而且擁有國際知名的電器事業。六祖慧能本是目不識丁的「南方獦獠」，由於他肯潛心苦行，終於在弘忍座下舂米得道。太虛大師原爲體弱多病的牧童，在奘年老和尚的栽培下，廣閱經藏，後來成爲一代高僧。

所以，我們不必怨嘆自己因緣不足，境遇不佳，只要具備「銅」一般的決心，「鐵」一般的意志，再「破爛」的天賦，再惡劣的狀況，也能成就「鋼」一般的豐功偉業；我們也不必怪別人資質低劣、條件不好，如果自己能擁有不熄的慈心，不滅的悲願，「破銅爛鐵」也能在我們手中焠鍊成爲像「鋼」一樣的棟樑之才。

爲學與做人

美國德州有一位老先生喬治・道森，他到九十八歲時才背起書包，一償上學讀書的宿願，創下世界年紀最大的小學生紀錄；四年後，他出版了一部長篇小說，又創下世界最老的處女作作家的紀錄。喬治四歲就下田種棉花，他沒有機會上學，但是他把在棉花田聽老祖母說故事當成是另一種形式的學習，這就是自我教育。

現在的教育都是學習知識，學習技能，學習謀利，沒有學習理路，所以博士不會做人，大學畢業不會倒茶，因爲沒有生活教育，這是教育的失敗。所以，佛教講搬柴運水都是佛法，就是注重生活教育。

所謂「人情練達即文章」，教育要除了學習讀書，學習明理，也要學習做人。

為學，是人一生的事業；做人，也是人一生的事業。如何為學與做人，是非常重要的課題，我有六點意見貢獻：

一、放下萬緣全部接受：我們讀書為學，先要放下妄想雜念，對於知識道理要能全部接受。在今天的社會上，為什麼有的人很會讀書，有的人不會讀書，有的人考高中、考大學落榜了。原因常常是他在學校裡沒有專心聽講，沒有接受的心量。沒有接受，考試怎麼能考得好呢？

二、事事好奇處處學習：讀書為學的人，所謂「開卷有益」。看到好書，聽到知識道理，就要有好奇心，就想處處去學習、體驗、證悟，能夠好學不倦，才會進步。

三、求精求全瞻前顧後：讀書如果不求精深，不求周全，一知半解，凡事但憑自己的看法行事，是非常膚淺愚昧的。所以讀書人要瞻前顧後，才能夠精深邃密，才能融會貫通。

四、自己無理別人都對：我們做人，要常常感覺自己無理，自己不對。比方說：我的語言說得不好，我的事情做得不對，我對人的尊敬禮貌不夠。

時時感到自己的欠缺，慚愧自己的不足，才會勇猛精進，才會力爭上游。

五、眼光要遠腳步要近：做人、做事、求學，都要放大眼光，但是也不要好高騖遠，腳步要從近處開始，要腳踏實地。

六、忍耐辦事委屈做人：辦事要忍耐，做人要委屈。所謂「耐煩做事好商量」，不管做人做事，只要能耐煩、忍耐、委屈求全，必能無事不辦。

如何學習

一些青年朋友，甚至有心學佛的人士，經常問我：「如何學習？」以下這首四句偈，提供給各位做參考：

一、為學當重聞思修：學習可分三個階段，一是聞，二是思，三是修。佛教說智慧的來源是聞所成慧、思所成慧、修所成慧，精進聞、思、修才能進入三摩地，才能成功。所以我們學習，首應注重聽聞，要諦聽，聽聞以後且要用心思考，經過思考後，再由理論上去實踐。

二、將來必須說寫作：經過聞、思、修以後，就必須說、寫、作，因為你必須把自己學習的成果說與人知，寫給人讀，並且親自去實踐，否則徒然浪費功夫，到頭來也只是個自了漢。但是，假若你未經過聞、思、修三個階段，那麼說、寫、作就不能透徹了。

三、若能具備戒定慧：學習的過程中，要守戒，要修定，要有智慧。戒，就是守法；做學問如果不守法，求得再好的學問也是白費。要修定，才有定力，身為學者，不能衝動沒有定力。更要有智慧，要有正確抉擇，要能權衡是非、明察善惡。

四、必可清淨樂融融：經過聞思修、說寫作，進而具備戒定慧後，未來將是清淨樂融融。不論對自己、對大眾、對朋友或與他人共創事業時，必然能夠任運悠遊自在快樂了。

書香台灣

台灣現在出版物非常發達，據聞每個月有數千種新書出版上市，可是銷路都不是很好，因爲台灣民眾還沒有普遍養成讀書的習慣。

讀書，應該像國民義務教育一樣，要提升社會的力量，必須養成人人讀書的習慣。義務教育有時候要強制執行，讀書也應該要勉強地讓他養成習慣。

世界上一些強權的國家，發展武力，向世界挑釁衝擊；我們社會出版圖書，爲了給民眾讀書，讓書聲洋溢於世界，書聲可以成爲台灣的動力。過去有書香府第，現在我們要創造書香台灣。

我們要衡量古今中外國家的力量，就觀察他們讀書的風氣。日本全國上下不但在學校裡讀書、在家庭裡讀書，甚至在火車上、電車裡都人手一冊；

你到歐美有些國家，青少年也寧可把買漢堡的錢省下來，轉而去買一本書來閱讀。

中國古代自從文武周公、孔子提倡學術、詩書、禮樂，改變了社會的風氣；唐詩、宋詞、元曲、明清的小說，都爲中國社會提倡了文化建國的偉大力量。

我們看歷史上的朝代，從唐宋以後，出版物興起，特別是清朝康熙、雍正、乾隆時期，如《四庫全書》；以及佛教的多種藏經，如大部的《龍藏》，浩浩蕩蕩湧現到社會民間。但是，不知從什麼時候起，社會流行著「債多不愁、蝨多不癢、書多不讀」的習慣，致使我中華民族人民的氣質沒有書香來培養，人人粗俗不堪。

當年古老的中國，政府雖然沒有到處設立學校，但是民間的書院、私塾，佛教的叢林寺院，都提供了全民讀書的環境，青年學子十載寒窗苦讀，總希望將來能出人頭地，爲鄉梓服務。

現在政府設立學校，當初大學、小學都不准私立，全由官辦，這種挫傷讀書的元氣，致使教育成爲樣板化，連讀書都不能盡興、自由，違反了孔老夫子「有教無類」的教育原則。

所幸，近年來政府成立了教改會，教育部提倡兒童讀書年，文建會、文化局鼓勵各地的讀書會，以及由公家倡導的全民閱讀、終身學習等，都風行一時，只可惜也只是依樣畫葫蘆，不能確切落實。

現在由佛光山文教基金會、人間文教基金會、國際佛光會、人間福報社等，聯合設立的「人間佛光讀書會」，以發展遍及世界萬千個讀書會爲目標。現在由香海文化公司、佛光出版社、人間福報社提供教材，期使讀書會不斷成長，終能普及在世界和台灣社會的各個階層裡，讓校園的一角、家庭的客廳、寺院的殿堂、公園的樹下，甚至山林水邊、咖啡小店、滴水坊等，都能成爲讀書會的教室，讓全體的民眾不但有床頭書、有車間書，乃至行住坐臥都能人手一冊。讓書聲代替吵聲，讓書籍代替鈔票，讓書香洋溢在社會各個階層及大街小巷裡，讓台灣不僅只是發展經濟，更能成爲一個書香台灣。

讀書的樂趣

「春日不是讀書天，夏日炎炎正好眠；秋有蚊蟲冬有雪，收拾書包好過年。」這是沒有體會出讀書樂趣的人最佳的寫照。

讀書雖可神遊古今，樂趣無窮，但是世間上卻有不少人不懂得享受讀書的樂趣。而一般人求學的心態，大抵可以分爲三個階段：小學生讀書，只是爲了應付考試；中學生讀書，大都是爲了通過聯考的關卡；大學生讀書，只爲了不想被教授「當」掉。世間上唯有知道讀書樂趣的人，才肯每日與書爲伍，體會「書中自有黃金屋，書中自有顏如玉」的哲理。

讀書的樂趣樂無窮！有的人讀地理名勝，可以遨遊天下；有的人讀歷史典故，可以和古人接心神交。有的人愛好文學，春花秋月，情境義理，妙味無窮；有的人喜歡理工，一個細胞，一粒分子，他也可以從中找出另外的一番天地。

讀書，書中所表達的思想、智慧、感情、經驗，可能是別人畢生的體驗，而我們在短短的時間內，不勞而獲，豈不是無限的快樂嗎？如果不肯讀書，無異放棄了世界上最可貴的財富。

一個人如果不能不斷地讀書，吸收新知識，好比存在銀行的存款，只有支出，沒有收入，勢必收支不平衡，將會形成嚴重的虧空狀態，等到資本耗盡，人生也就停擺了。

從古至今，多少的偉人莫不是經由讀書而踏上成功之路？懸樑刺股的蘇秦、鑿壁偷光的匡衡、藏火苦讀的祖瑩、廣涉書海的曹雪芹、自學成才的王雲五，他們鍥而不捨的求學精神，在在皆爲後人樹立了良好的楷模。我們何不起而效法，一起來體會讀書的樂趣呢！

終身學習

中國古有「活到老，學到老」之說。直到今日，教育部才提倡「終身學習」，可見做官的人和社會大眾的需要，差距和時間都非常遙遠。

中國的政治人物，無論什麼都以爲自己是老大，一切都由政府來包辦，所以官僚的體系、思惟，仍然彌漫在我們的社會裡，凡事總不肯放手給民間來全民動員。終身學習，不是光靠政府倡導口號就行了，必須由知識分子領導，造成風氣，讓全民都能感覺到終身學習就如日常吃飯、睡覺一樣重要，如此終身學習才能推動得徹底。

偶爾在報紙上看到報導，一個主婦在國民小學和學生一起學習，就大肆宣傳，其實這只是個案也！難道全民就只有一人、兩人、三人老而好學，如此怎麼能和政策相呼應呢？所以就算官方提出終身學習的口號，看得出來，這也是難以推行的啊！

民間許多好話：「活到老，學不了」、「三人行，必有我師焉」、「愚者也有一得」。有許多家庭裡，父母跟兒女學習英文，吾兒是我的英文老師；婆婆跟媳婦學習料理，媳婦是我的料理老師，可見得學習沒有長幼之分。

在佛教裡，磐達特是鳩摩羅什小乘佛教的老師，但是後來他又拜鳩摩羅什為大乘佛教的老師；大乘小乘互為師，成為中國佛教的美談。孔子以項橐為師，因為孔子不恥下問，拜童子項橐為師，故而成其為孔子也！

終身學習不要等政府來給我們機會，也不要等社會來給我們安排，我們每個人都應該要訂定終身學習的計畫。終身學習也不只限於一般的平民百姓，或是讀書不多的人；即使是學者、專家、博士、教授，也要訂定終身學習的計畫。

有一位青年，拿到博士學位後，回家問家長：「我已得到博士學位了，以後要做什麼？」家長說：「學做人！」

學做人！誠哉斯言！孔子說：吾不如老圃，吾不如老農！因為天下之大，知識浩瀚，窮畢生之力，能學到百分之二、三，就已經難能可貴了，所以談到技術、做人、處事，甚至聖賢之學、科技之學、宗教信仰之學，眞是所謂「生也有涯，知也無涯」。

語云：眞理前面無權威。學海無涯，放下士大夫之心態，在眞理的前面勇於做一個學生，才能做好終身學習。

俗氣與道氣

人爲什麼要讀書？讀書的目的如果只爲了求取功名富貴，這是下等的目標；讀書，是爲了變化氣質，學習聖賢，這才是眞正的目的。

你看，有的人一眼看去，就知道他有學問，他很斯文，他有道氣；這是由於學問改變氣質，產生了作用。但是也有的人，就算有點知識，但由於他做學問沒有承受到變化氣質的效果，因此從他的長相、動作、出言吐語，都會讓人覺得他是一個非常俗氣的人。

《水滸傳》是部家喻戶曉的民間小說，一般人對《水滸傳》的評語，都認爲裡面的人物刻劃得極爲生動、成功。的確不錯，《水滸傳》裡的一百零八條好漢，你不必提到名字，光從書上描述他穿什麼衣服，手拿什麼武器，走起路來的樣子，說話的聲音等，你就會知道，誰是黑旋風李逵，誰是行者武松、智多星吳用、花和尚魯智深。

如果是《三國演義》，你看到身騎赤兔馬，手持青龍偃月刀，口說「俺來也！」不用問，那一定是關雲長駕到。如果有一個手持丈八蛇槍，像黑羅刹降臨，威風凜凜，殺氣騰騰，不用看你也知道，這一定是張翼德到達了。如果是手持羽扇，坐下獨輪車，身穿八卦長袍，不用說，那是臥龍先生諸葛亮出場了。

同樣的，我們提到儒家的曾子、子思、顏回；佛教的阿難、舍利弗、須菩提，光是聽到這些名字，好像就能看到他們的模樣，就知道他們是有道氣的人。

此外，小丑型的人物，例如唐朝的高力士、來俊臣，明朝的魏忠賢，清朝的李蓮英，一聽到這些人的名字，馬上會覺得這是一群俗不可耐的小人了。

周公、孔子提倡禮樂，就是鼓勵人生要有道氣；一些黑道的幫派領袖，不懂得道氣，只以為霸氣、兇氣就能服眾，所以這一幫人也就免不了都要成爲俗人了。

孟子要人養氣，佛教要人養心；所謂出眾，三千威儀，八萬細行，一舉手，一投足，都像法界隨心，天地合一。這樣的人，不用說話，就會讓人感覺到這是有道氣的人，是正派而且有學有慧的人。反之，一個俗氣的人，不用出言吐語，光從他的皮膚、衣飾、動作，就讓人覺得俗不可耐。

所以，吾人學習成長，要有道氣；道氣和俗氣，分別就是那麼的大喔！

早晚課

現代人每日有每日的行程，甚至明天的、下個月的、明年的，都排列在預定的行事曆之中，此即計畫人生。凡是有計畫的人生，除了正常的工作之外，都要爲自己添加定時的早晚功課。因此，我們希望社會各界的人士，都要爲自己定下早晚課。早上的賴床、懶散、運動，不是最好的早課；晚上的宴會、娛樂、舞會等，更不是最好的晚課。

吾人要效法曾子的「吾日三省吾身」，袁了凡的「每日功過格」；有多少學者名流，他們早讀書、晚寫作，或是晨學英文、夕練書法，或者晨背古德嘉言、晚誦進德座右銘，以此做爲自己的早晚功課。吾人每日清晨，頭腦清醒，身心愉快，讀書誦經，學習語文，做各種計畫；到了晚上，反省、檢討、記錄一日所作，同時策劃、開拓未來的事業，多麼美好的夜晚。

知識社會

我們的社會流行著一句話「向前（錢）看」；舉國上下都在向錢看，如此一個重利輕義的國家社會，你說能有多大的成就，也就可想而知了。

社會進步固然要經濟的發展成長，因爲有了經濟才有建設，才能改善生活，才能製造飛機，才能加強國防，才能養家活口，錢怎能說不重要呢？但是，金錢一方面帶來社會的進步，一方面也帶來了人性的墮落。許多兄弟鬩牆，爲了金錢；許多夫妻翻臉離婚，爲了金錢；許多朋友惡言相向，爲了金錢；許多合夥人分利不公，訴訟法庭，爲了金錢；甚至於青少年爲了金錢，偷竊搶劫；不肖分子爲了金錢，犯下傷天害理的案子；還有那許多貪官污吏，爲了金錢而不能眞正爲民服務，招致身敗名裂。

我們需要經濟的發展，但是我們更需要知識的社會。

什麼是知識社會呢?讓全民讀書,有思想、有智慧、懂得分析事理、判斷善惡好壞;人人從知識出發,不但能包容一家,更能胸懷鄉里,以及社會、國家。如此看來,知識可就比金錢更重要多了。

知識是人生的動力,人有了知識,可以改變自己的氣質;人有了知識,可以明白做人處世的道理;人有了知識,可以爲國爲民做出建國的方案和計畫。有了知識,商工的品質就會不一樣;有了知識,科學、哲學就能提升。現在政治家由於知識不夠,所以搞黨派、搞私利,不以全民爲主。甚至現在的教育家雖教人,但他沒有想到,知識不光只是用來教人的,而是先要健全自己,讓自己成爲思想知識的主人。

知識並非書讀得多就表示有知識,知識也並非會說話、會賺錢就是有知識。沒有讀過書、不認識字的人,他也會有知識。六祖慧能大師悟道,你能說他沒有知識嗎?武訓以行乞興學,你能說他沒有知識嗎?王永慶只是小學畢業,卻成爲台灣的「經營之神」,你能說他沒有知識嗎?

知識者,明理也。只要他懂得做人的道理,知道社會國家,知道大公無私，這就是社會知識喔！

所謂知識，在個人是有道德的勇氣，在社會是有公共的正氣，在國家是到處都能普及公理正義；所謂知識，要知人、知事、知情、知理、知物、知心，要能融合一切人事理的因緣，再去給人因緣，那才是知識喔！

我們寧可什麼都少一點，但是社會知識不能少喔！

學習的動力

大自然裡，電有動力，水有動力，火有動力，風有動力，汽油也能產生動力，甚至太陽都能產生動力。

一個人不管學習什麼事，也要有學習的動力；有動力，才能邁步向前。學習的動力是什麼呢？

一、因緣成就：一個人不管做什麼事，例如蓋個房子要有木材、磚瓦、鋼筋、水泥等材料；做一道菜，也要有油、鹽、醬、醋等佐料。你要學習，也要有許多的因緣條件，包括學習的年齡、學習的環境，甚至要有經濟做後盾，要大家給你的因緣成就，尤其自己本身的條件很重要。有的人年華已逝，老大不小了，八十歲才要學當鼓手，有的人沒有經濟後援，繳不出學費，如何學習呢？

二、思想敏銳：要學習，必須要有學習的能力。你沒有數字觀念，如何研究數學？你愛心不夠，如何學習護理？你的文詞不通，怎麼從事文學創作？你的思辨才華不足，如何當哲學家？凡事要基礎穩固，本身能力具足，才能學習。

三、理路通達：有的人會讀書，但不明理，縱然讀了再多的書，也沒有用。做人理路要清楚，就如物質的長短方圓，都各有所用；顏色紅黃藍白，要各得其所。對於是非善惡，各有各的限制；是與非，善與惡，不能混淆不清。橋歸橋，路歸路，水裡、陸上、空中，都各有其航道，要分別清楚。

四、精進有力：學習也要有好的體力，尤其要勤勞，一曝十寒，難有成就。例如學英文，要持之以恆，肯下功夫去背單字，才能把英文學好。又如文學創作，一句話，苦苦地思索，推敲再三；一個道理，研究再研究。做學問的人，更要十載寒窗，不怕辛苦，不能今日有病，明日不舒服，藉故拖延，如此懶惰懈怠的人，如何有成？

人生要廣學多聞，所謂學海無涯，對於有語言天才的人，要廣學多種語言；有文學天分的人，不光只是寫小說，詩詞歌賦，乃至社會學的法律、政治、經濟等，甚至佛法經律論等，樣樣都要涉獵。

做人要廣博多聞，必須具備學習的動力。吾人不管爲學、做人，凡事只要能把握爲歡喜而做，自會有源源不絕的動力。

活頁筆記

現代人，差不多身邊都帶著一本活頁筆記，隨時把遇到的事情記錄下來，以防遺忘。

活頁筆記除了記事，也能勵志進德。袁了凡先生有功過格，每天做了什麼善事，動了什麼壞念，在他的功過格裡都一絲不苟地記錄下來，每日檢查，以增進品德，就如現在的活頁筆記。

現在我們擁有活頁筆記的人，有像袁了凡先生一樣，確實地記錄自己的功過嗎？

有的人歡喜寫日記，但是日記裡寫的都是別人如何不好，自己又是如何的好，所以沒有進步。有人寫日記總是不敢把自己心裡的思想，確確實實地搬出來，仍然有所隱藏；不敢記錄眞實，這樣的一本活頁筆記還有價值嗎？

因爲吾人的眞心不容易發覺，所以就影響到吾人語言是假的，行動也是假的，活頁筆記也是假的；因爲是假的，於己於人究竟有多少功用呢？

活頁筆記一般只是用來記事而已，若能用來記言，就比較進步一些，如果能記「心」、記「思想」，又更有價值。

活頁筆記是現代社會流行的產物，因爲成爲一個流行品，書商就儘量把它設計得多采多姿、把它印刷得精緻華美。活頁筆記既然有出版商印刷，給我們助緣，我們也應該好好運用活頁筆記，讓我們每天進步，從我們的一字一句、一行一頁，讓我們今日新、明日新、日日新，一天一天往新的境界邁進。千萬不能讓我們的活頁筆記像現在一般人開會：會而不議，議而不決，決而不行。

活頁筆記所記的東西是死的，人要活用它，才能成爲「活」頁筆記。可千萬不能讓它成爲不生不死的東西，那麼於吾人又有何益處、又有何用途呢？

活頁筆記既然是「活頁」，就表示可以撕去，可以保留，也可以增加。

就如吾人的壞習慣可以革除，好的品德可以增加。「活頁」兩個字對我們是一大啓示。

不但是「活」頁筆記，舉凡活用、活力、活命、活動；凡是活的，就像流水，又像風吹，就會清潔，就能流通，就會有生命。所以活頁的生命，就是要不斷地修正，不斷地加強，不斷地改進，不斷地創新。所以我們要像活頁筆記，讓生命不斷地革新，不斷地提升，不斷地淨化，以臻完美的境界。

深度與廣度

現在的知識人，有的重視深度，有的重視廣度，有的重視高度。例如現在有些博士基礎不厚實，廣度也不夠，只專志於自己所修的一門學問，所以有人批評：這是「蔓藤博士」。

有的讀書人知識豐富，好像百家皆通，但是每一門學問都很稀鬆，有人評曰：這是「跨橋博士」。

有的知識人，他重在基礎，好像百丈高樓，他的基礎既深且廣，地震颱風，全不受影響，這種深研博士，就如「爲學當如金字塔，要能廣博要能高」，才是實至名歸的博士。

做人，有的人很膚淺，只有廣度，沒有深度，從他的言談之間，就曉得他對問題沒有深入，只略懂皮毛。有的人並不求速成，而在基礎上再三地深究，如同一幢三十層樓的建築，打個地基、做個水土保持，需要兩、三年，但是地上三十層樓卻只要一年半載就可以完工。可見深度很難，高度和廣度比較容易。

現在的知識人，當開始做學問的時候，就應該爲自己定下目標，我是走深研之道呢？還是走廣博之路呢？深研有深研的價值，廣博有廣博的用途，怕只怕「蔓藤博士」既不高，又不廣，也不深，那就一無可取了。

每個知識人的道路，擺在眼前的，一是深研，二是廣博，三是高度。其實方便有多門，歸源無二路，最好你要能深、能高、能廣。有的人能深不能寬，就如一口井，只能坐井觀天，沒有廣度；如果只有廣度而沒有高度，則如一棵枝葉只能橫向發展的樹，也不能成爲參天古樹。

有的人能高不能低，當他爬到尖端，發現基礎不穩，一陣小小的風雲變幻，就把他打倒了，所謂高處不勝寒，也不足取也。

其實，一個人縱使能力再大，也絕不可能隻手撐天，所謂「獨木難成林」。人生最好是集體創作，就如瞎子、跛子、聾子，三個人必須通力合作，才能從失火的房子裡順利逃生。所以今天的學子，沒有誰大、誰小，都要倡導集體創作。你看，現在的諾貝爾獎，不也是兩人、三人合得一個獎嗎？可見爲學之道，已經走向全方位的研究，而不再是一枝獨秀的時代了。

經云：深入淺出。非但要深入淺出，還要高低平衡。佛陀說觀機逗教，應病與藥，當深則深，當淺則淺，所謂「佛以一音演說法，眾生隨類各得解」。所以今日佛子爲學做人，要能深、能廣、能高、能低；深度與廣度，皆能具備也。

遏止盜版

吉廣輿老師下午爲我的著作常爲人盜印，特來請示。目前佛光出版社的書籍，在坊間經常被盜印。我對社會不尊重智慧財的觀念，實在不敢苟同，尤其是《星雲禪話》一字不漏地翻版，如此姑息的作風，有關當局眞沒有方法可以遏阻嗎？

畢卡索對冒充他作品的假畫毫不在乎，從不追究，最多只把僞造的簽名塗掉。有人問他爲何不檢舉？

畢卡索說：「我爲什麼要小題大作呢？作假畫的人不是窮畫家就是老朋友，我是西班牙人，不能讓老朋友爲難，而且那些鑑定眞跡的專家也要吃飯，那些畢卡索假畫使許多人有飯吃，而我也沒有吃虧。」

是否出版業的人都要有如畢卡索的心胸？

度眾的法門

最近看過一本書，描寫古代修道院傳教士們一天的作息：清晨兩點起床，做四個小時的祈禱、四個小時的默想、六個小時的苦工、每天只吃一餐……中世紀時代，傳教士之所以受人尊敬，乃是由於濃厚的苦行色彩。後來修道院的供養多了，院內庶務性工作都請人代勞，故有更多的時間來研究學問，所以基督教、天主教的傳教士個個都是飽學之士，博古通今。

佛教也是重視苦修的宗教，在佛教裡非常讚美苦修，因爲苦行不僅是意志力的訓練，也是一種修行；而豐富的學識不但可以勵己，也是度眾的法門。兩者不可偏廢。

說到讀書，綜觀今日的情形，讓我們覺得：

讀書會使一個人讀得成功，也會使一個人讀得失敗；

讀書會使一個人讀得有用，也會使一個人讀得無用；
讀書會使一個人讀得明理，也會使一個人讀得糊塗；
讀書會使一個人讀得謙虛，也會使一個人讀得傲慢；
讀書會使一個人讀得開通，也會使一個人讀得閉塞；
讀書會使一個人成聖成賢，也會使一個人讀得自私；
讀書會使一個人啓發正見，也會使一個人度量狹小；
讀書會使一個人精勤奮發，也會使一個人懶惰無能；

有人能讀書，也有人不能讀書；有人愛讀書，也有人不愛讀書；有人會讀書，也有人不會讀書；有人活讀書，也有人只死讀書。

光是讀書，就有好多類型，讓我不禁想問，佛光山的青年弟子或是社會大眾青年學子，你們要如何讀書？

忙中用功法

「忙碌」，是我們共同的生活形態，要不忙，我們來這世間做什麼呢？在忙碌的生活中，我想提供你們一些忙中用功的方法。

一、善巧利用時空：任何零碎時間，不論是清晨、午後、飯前、睡前，都要善於安排把握；任何地點空間，無論是車上、燈下、室內、戶外，都適宜我們去記憶思惟。

二、經常蒐集資料：要經常翻閱書報雜誌、經藏文集，並時刻留意電視、電台等大眾傳播媒體的訊息，多方面蒐集資料。

三、勤於抄寫筆記：要利用活頁紙張卡片，隨時記錄謄寫，加註眉批，整理分類，以便融會運用。

四、反覆溫習綱要：製作綱領，研讀要義，不時溫習加深印象。

希望大家在事繁中，能夠利眾，也能利己；要發心度生，也要不斷用功，透過內證外修，使忙碌的生活更加充實而有意義。

作家功德無量

我的書房裡，有一專櫃專門用來陳列徒眾的著作，內容雖非上乘，但閒時翻一翻，感受到這都是他們辛苦的成績。

人在獨居或退隱時，最能體會到讀書的樂趣；談話時，最能表現出讀書的文雅；判斷和處理事物時，最能發揮由讀書而獲得的能力。

而想做作家的人，不但要讀有字的書，也要讀無字的書。所謂無字的書，就是要親近大自然，到社會上吸收人生經驗。

我在因緣具足下開創了佛光山及海內外道場，這一切並非單憑我個人的力量，而是眾緣和合所成，而佛光山的開創與「筆」有很深厚的因緣關係。佛光山的土地、殿堂，是因爲我寫《玉琳國師》、《釋迦牟尼佛傳》、《觀世音菩薩普門品》等書出版所得而買的，可見「筆」的力量之偉大！

佛經云：假使有人以三千大千世界的金銀財寶給人，不如用佛法的四句偈給人；財寶有用完的時候，佛法的法寶則受用不盡。能享受文學的意境、道理，文字般若，勝過世間財富，因此「作家」實在很了不起。

因爲有文學家的筆，所以帶動了台灣社會的書香，引導大家有讀書的習慣，一句一文打開了人們的心靈智慧，實在功德無量。

四十年前，朱橋先生從宜蘭開始，辦了一份《今日佛教》，郭嗣汾先生也寫了〈菩提樹下的兒女〉，林海音、公孫嬿……等藝文界人士也都是因爲這份雜誌而認識的。近幾年來，我走上弘法道路，已甚少動筆，但對文學的愛好仍一如往日。

怡情養性的寄託

過去我對書畫並不懂得欣賞，只是瀏覽而已，現在不但留神地看，而且用心地看，甚至一而再、再而三地看，一幅畫看過三、五次以後，還要再看，愈看愈能融入畫中的意境，愈看愈覺得畫中的天地好寬、好美。

從書畫的欣賞中，使我想到，現在一般的家庭養兒育女是爲了防老，沒有兒女怕老來無人承歡膝下。有的人沒有兒女，便養貓養狗，以助老夫老妻談興。但是我想，如果夫妻都有興趣的話，在家中掛一幅畫，每天談，也是百談不厭，從畫中的一點一滴去談，也可以增加生活的樂趣。縱使有時因爲看法不一，有所爭執，書畫也聽不懂，更不會計較。換成貓、狗，難免會有喜怒哀樂等情緒變化；兒女更是有意見、有主張。所以看起來，老夫老妻如果能培養對書畫的興趣，眞是怡情養性、歡度晚年的好寄託。

對於書畫，有的人當成是投資，也有人附庸風雅，我覺得這些都不重要，最重要的，要能與畫中的意境相共鳴，在心底互相激盪，能夠到達這種境界，便算得上是懂得鑑賞書畫的人了。

選擇適合的牆跳

世間上的人，要達到成功的道路——

有的人是慢慢來、慢慢學，花很長的時間苦讀（但這種學習方法太不經濟了）；有的人雖不會，但可以一面做、一面學，因其有實際經驗，比較容易成功。

我本身不曾讀過佈教、工程、弘法、知客、典座的課程，但我都抱著「我願意」、「我想」、「我要」的心態，一面做事，一面學習，從錯誤中吸收正確的做事方法，後來才學會的。

人要認識自己才懂得突破。以前若有人到少林寺練武功，少林寺是有門進去，無門出來；出去的唯一方法就是能夠跳出三丈高的牆。因爲三丈高的牆都有能力跳出去的人，至少有點能耐，不會被人家欺侮，敗壞少林寺的名聲。

「牆」不僅要跳得出去，更要懂得自己適合跳哪一道牆——

一、個性活潑，講求實用，能聽能說，外語程度可以在日常生活中應用，做知客、做簡報、能聯絡、會安排，肯擔當負責者，可以跳第一道牆，往橫的方面去發展。

二、語言為我們所用，不是我們被語言所用。懂得寫信作文，參與國際外語會議，並可從事講演翻譯等工作者，可以跳第二道牆。

三、能十年寒窗苦讀，將來可做專家學者，著書立說，佛學、語文皆專精者（這就好像寶塔，愈往上，空間就愈小愈窄），可以跳第三道牆。

此三道牆，沒有誰大誰小，同樣重要，要知道自己的專長才能選擇跳哪一道牆。

人生加油站

汽車在路上行駛，到達一定的里程數，就要停下來加油，否則就無法繼續向前行駛；人生的道路，也要不停地加油，才能抵達想要到達的目的地。人生的加油站在哪裡呢？如果你懂得親近明師和善知識，明師、善知識給我們鼓勵、給我們提示、給我們諫言、給我們指導，那麼明師和善知識就是我們的加油站。

如果你覺得自己的學識不夠，要到補習班補習，要參加某一些講習會，甚至辭職進修，再度入校學習；那麼這些補習班、講習會、學校，都是我們的加油站。

有的人，沈潛在圖書館裡，有的人，學習在寺院的藏經樓上；那許多的藏經樓、圖書館，都是我們的善知識，都是我們人生的加油站。

一座寺院完工，一間佛殿落成，就如設立了一座人生的加油站。你在人生的道路上，跑得疲倦了、煩惱了、受到委屈了，你到寺院裡、佛殿上，跪下來，經過佛力的加被，就像能源、汽油一樣，滾滾地加入到你的心田裡，你再往前方行走，加過油的人生，自然前途無量喔！

木柴裡有火，你不鑽木也不能取火；你自己心裡的能源，如果沒有佛祖爲你點亮心燈，所謂「千年暗室」，何以復明？

人生，不能少了加油站，就如人生不能少了善知識；人生不能少了圖書館、藏經樓，就如人生不能少了加油站！

呂蒙正、蘇東坡、謝靈運、王維、王守仁等，如果沒有信仰上的加油，如果沒有寺院的加油站，他們何能成爲一代大儒？現代的馬一浮、豐子愷、夏丏尊、梁漱冥等，不就因爲寺院容他們住了三年、五年，做長期的加油，而後成功地成爲一代學人的嗎？

唐朝的六祖大師，受了劉志略的鼓勵、安道誠的獎助金，他得到了這些人給他的加油，自此如出海的蛟龍，人生不一樣了。明朝的朱元璋，他得到馬家小姐的資助，一如在加油站加了油，後面的人生就此飛黃騰達。民國的太虛大師，他得到蔣中正三千美元的捐助，展開環球弘法；也因爲得到蔣中正這一筆香油錢的支助，他終得成爲一個國際大師。

人生的道路漫漫，沒有隨時加油，何能順利走完全程。因此，每個人都不能少了人生的加油站喔！

讀後感

自古以來，中國的讀書人大都如陶淵明所說：讀書不求甚解。讀書初時沒有分析、演繹，之後沒有綜合、歸納，就是不會讀書。

很多人，讀過一本書以後，問他書中寫些什麼？他說不出來，因爲沒有經過分析、歸納，如同一幅畫，沒有看出高低遠近的層次，印象模糊；讀書沒有條理分明、沒有提綱挈領，讀過的書不容易記憶。

古人將文章分段、分科，確實了不起。《楞嚴經》一般人不容易背誦，其實只要將它分段分句，就容易記憶。現在很多人讀完一本書，不講究讀後的心得報告，都是不求甚解。由於中國人所受的教育，都是塡鴨式，學生只有照單全收，沒有去想「爲什麼」，所以中國過去科學不發達，因爲從小就數字不清，條理不明，因此凡事都差不多。

有分析，就有爲什麼；有綜合，就有重點。有人會讀書，不會寫讀後感；假如是聰明人，先讀了讀後感再來讀原文，就比較容易知道重點在哪裡。能讀懂讀後感的人，必定是能綜合重點，能分析內容的人。

學而不思則罔，思而不學則殆。即如牛吃了草以後，也要反芻，才能消化融通。過去學校訓練青年學子寫週記、寫讀書報告，但是大都敷衍了事，不甚重視。

讀書有讀後感，做事有做後感，交朋友與人相處，要有認識，有認識就有感覺，有感覺才能跟著走。一般人吃東西時，問他「好吃嗎？」回答「可以、可以！」程度怎樣，卻交代不出來；一幅畫，喜歡嗎？喜歡！爲什麼，說不出所以然來。

寫文章，是作者的創作；讀後感，是讀者的再創作。最初讀書，從書中獲得理論知識，這是很快樂的事，但要他寫出讀後感，就覺得很痛苦。現代人讀書，讀過《論語》以後，不能通達，寫不出讀後感；讀過《孟子》以後，不能了然，寫不出讀後感。

感，就是有感覺、有感應、有感觸、有感動；沒有所感，人將與草木同腐朽。其實，草木也有所感，讀書人何能沒有所感？

讀一本書，要有所感；讀一幅畫、讀一部影片、讀一首詩、讀一個人，甚至讀山河大地，都要有所感。沒有所感，沒有回應，就沒有作用。杜甫的「國破山河在，城春草木深；感時花濺淚，恨別鳥驚心。」就是心與境接觸後的所感，這也是讀後感。一篇文章，讀後的心得報告不能超過原著，則麻布袋、草布袋，一代不如一代；能夠青出於藍，更勝於藍，人類的文明才能日新月異。

等身書

宋太宗時，賈黃中官拜參知政事，素有神童之稱。六歲時考取童子科，十五歲時考取進士。他能有如此的成績，並非因爲天才，完全是被父親逼出來的。

賈黃中五歲時，每天清晨，父親要他立正站好，把書卷攤開（書是卷軸），和他的身高比，取同高以決定這一天要讀到哪一篇哪一行爲止，通稱爲「等身書」。

反觀現在的父母，在望子成龍成鳳的心態下，對子女的教育，除學校的功課外，還要他們練習各種才藝，如鋼琴、舞蹈、小提琴、書法、英文、電腦……有時學習項目之多，比正規的學校課程還重，和「等身書」的意思非常相似，「神童」之譽不是每一個孩子都可以得到的。

「心無物欲乾坤靜，坐有琴書便是仙。」

前任美國總統柯林頓和夫人，在當選後參觀他們即將搬入的官邸白宮時，第一件向外界宣布的事情，就是「書架不夠」。聽說當年柯林頓搬進阿肯色州州長官邸時，第一件事也是趕緊裝書架、書櫃，他私人圖書館藏書，據統計大約四千五百本。

曾有選民問柯林頓，他一年讀三百本書是否屬實？柯林頓承認，那是在他一九八一年第二度出馬競選阿肯色州州長失利後，八二年「賦閒」在家的成績。一年三百本書……一個好讀書的總統。

忍不住想調查一下，你一年看幾本書？

學不會，教得會

看到年紀輕輕的滿學很熱心地爲慧功翻譯，我不禁讚嘆他可大可小、可前可後、可動可靜，實在是「小，不可忽視」。

我也有這種「雞婆」的個性。從年輕到現在，我很熱心地爲人家改文章，至今在佛光山我改文章的功力最深。我也樂於和多人分享好文章，講給他人聽，如今我能倒看如流，講得流利，這都是辛苦的代價。因此，我常說「學不會，教得會」，爲了教他人，自己就得下功夫去鑽研；功夫深了，自然便有所得。

哪些方法能使讀書進步呢？

一、在課堂上所寫的筆記要重新整理、補充、歸納做表解……一學期做六科筆記，三年下來，就有近四十本筆記，有這些資料，必能成爲很好的佈教師。

二、凡看過的書，好的句子要摘錄出來，並註明出處，每學期至少要有一本「佳句筆記」，三年後，又多了三本佈教教材了。

三、編寫「我的園地」，日記、散文、小說、社論、漫畫等自己專屬的作品。

四、學習抄書，只要將一本好書抄寫過三遍，文法句子必定通順，道理能體會，也會運用。

五、成立讀書會，大家訓練辯才，學會找資料。

要學就要問

我時常在世界各國弘法，深感中國人過分拘謹。如果在美國上課，台上一問：「有沒有問題？」大家都爭著舉手發言。若在台灣，大部分都由老師自行提出問題，然後自說自答地唱獨角戲。佛教不怕大家問問題，信仰可以入門，從疑問中也可以入門。禪宗常以「提起疑情」做爲參禪修行的方法。

學問，學問，要學就要勇於發問，不斷地發問，不斷地找尋答案，才能不斷地有所進步。希望大家向佛經裡的諸大菩薩學習，不但自己勇於發問，進一步還能觀察大眾的心理，代表大家發問。

自我學習就是——「眼要看口要問，心要用耳要聽，手要寫腳要行，意要勤念要明。」

有心學習

深入佛法的智慧與深入生活的經驗並沒有什麼兩樣。眞能讀書的人，能讀懂「生命」，讀通「生活」或「人事」這幾部書，自然處處通達，無所滯礙。如果一個人拿了博士學位卻不懂得生活，不通人情，要說他懂得讀書，我是不相信的。

讀書沒有「原則」，是依個人專長、興趣、性向而定的，沒有固定的方針或一定要如何，但是不要以讀書爲職業，不要死讀書。

要如何培養讀書的興趣？興趣是來自——

一、要有需要，才會產生興趣。

二、要歡喜，因歡喜才會有興趣。

三、要有價值，才會有興趣。

四、要有意義，才會有興趣。

「接受」是最好的學習態度，能接受多少，未來的成就就有多少。

一個人有機會接受正規的學校教育當然很好，如果沒有，「大塊假我以文章」，宇宙人生，哪樣事物不能學習？所謂「青青翠竹皆是妙諦，鬱鬱黃花無非般若」，在社會上，每天發生在我們周遭的善惡因果業報，不都是我們的教科書嗎？古來多少聖賢苦學奮鬥有成的故事，不都是砥礪我們向上的名人傳記嗎？每日報章雜誌所報導的新聞資訊，不都是我們取法的經驗閱歷嗎？

只要有心，無處不是我們學習的環境。因此，社會就是我們的學校，學與不學，端視有心無心耳。

星雲大師的讀書筆記

「藏書不難，能看為難；
看書不難，能讀為難；
讀書不難，能用為難；
能用不難，能記為難。」

以勤補拙

偶然在書上看到一則閻若璩「以勤補拙」的故事，內容描述清代著名學者閻若璩，生下來就口吃，性子遲鈍。進學校念書，一篇文章讀了上千遍，仍然不能背誦。可是他堅信「勤能補拙」的道理，因此，他比其他同學下更多的工夫，一直到十五歲，終於讀熟了不少書。書是讀熟了，可是書中的意義還不大理解。某個冬天的夜晚，他還在思索書中的意義，卻苦於找不到合適的辭句解釋。四更打過了，寒氣更加逼人，閻若璩渾然不覺，仍然坐在書桌前苦思積慮，最後終於恍然大悟。此後，他變得聰穎異常，更加努力地研究經史。他集晉代學者陶弘景、皇甫謐的話，作了一幅對聯貼在書房的柱子上，用以自勵：「一物不知，以爲深恥；遭人而問，少有寧日。」

勤問深思，學而不厭，正是閻若璩在學業上取得成功的祕訣。

妥善安排歲月

有一位八十歲的瑞士籍紳士，曾爲他自己的生命做了一個類似玩笑的統計，在八十年的歲月當中，他：睡覺花了二十六年，工作花了二十一年，吃飯花了六年，生氣時間將近六年，與人約會的等候時間浪費了五年，叱責孩子花了二十六天，刮鬍子占了兩百二十八天，打領帶用去了十八天，上廁所兩百四十二天，擤鼻涕十八天，點火抽菸花了十二天，一生之中只有四十六個小時在笑，而整整八十年中沒有一點時間在思考。

哲學家舒勒斯（Louis Shores）說：「一個人如果每天閱讀十五分鐘，每星期平均可讀半本書，一個月可讀兩本書，一年可讀二十本書，一生至少可讀一千冊以上的書，可以吸收到許多古今中外偉人的智慧，成爲一個博學多聞的人。」如何安排自己的歲月年華，實在是一門深奧的學問。

我能學到什麼？

在《張老師》月刊上，看到一則老師與學生們的對話〈我能學到什麼？〉很值得徒眾們深思。

學生問老師：

「學習數學能學到什麼？」「精確！」

「學習文學能學到什麼？」「眞誠！」

「學習宗教能學到什麼？」「虔誠！」

「學習歷史能學到什麼？」「智慧！」

「學習法律能學到什麼？」「人權！」

「學習經濟能學到什麼？」「供需！」

「學習社會能學到什麼？」「和諧！」

「學習美術能學到什麼？」「審美！」
「學習天文能學到什麼？」「遠見！」
「學習倫理能學到什麼？」「尊重！」
「學習海洋能學到什麼？」「包容！」
「學習地理能學到什麼？」「開闊！」
「學習政治能學到什麼？」「妥協！」

學生又反問老師：「如果我不學呢？」「無知！」

機巧的人輕視學問，淺薄的人驚服學問，聰明的人卻能利用學問，所以一個人在為學做人與處事上，必須充實學問，有了學問才會有遠見，有遠見才能進而力行。

書的巧喻

〈書的器官〉，是作者蘇聞將書本「人性化」的佳作，讀來頗有趣味。書，是人類進步的階梯，在生活中，每一個人都離不開書，做爲一個讀書人，是否能像了解自己一樣，去了解書的「器官」呢？作者將書與器官做了巧妙的譬喻。

封面：又稱封一、書皮、封皮，是臉面部分，有保護書頁和裝飾之用。

封裡：也叫封二，是封面的裡面。

書脊：就是書的背脊，指書籍前後，封皮聯接處。

襯頁：又稱補頁，在封面後邊，有襯頁的書顯得莊重、氣派。

扉頁：指封面或襯頁後的第一頁。

版面：指書刊一頁的整個幅面，包括印有文字、圖畫的部分和四角的白邊。

版心：正文印有文字、圖畫的部分。

書頂：書的最上端切口部分。

書根：書的最下端切口部分，也叫書底。

天頭：版心至書頂的一段空白。

地腳：版心至書根的一段空白。

翻口：又稱外切口，指與書脊相對的外端。

書，可以給我們知識；佛書，則可以給我們智慧。難怪古人說：一日不讀書，面目可憎。

書裡的啓示

偶然在一張卡片上，看到「十項要忘記的事」：

一、忘記你施與別人的恩惠。

二、忘記別人對你的誇獎。

三、忘記你和別人的爭吵。

四、忘記你過去的失意。

五、忘記誰是你的敵人。

六、忘記別人加諸你的惡行。

七、忘記你的學識能力與條件比別人優越。

八、忘記任何與工作無關的事物。

九、在工作時忘記你的工作。

十、在休息時忘記你知道的猥褻和詛咒。

目前街坊上勵志的書本、卡片、書箋很多，有些書要品嚐，有些書要吞嚥，有些書更要細嚼，如果能從書中得到一點啓示，而應用於生活中，很可能會改變人的一生，否則書對你而言，則跟一堆廢紙無異。

你知道嗎？

偶爾翻讀一些小品，也能獲知不少常識，如書載：我們一般所使用的鉛筆，明明是以石墨爲芯，卻要稱「鉛」，有名實不符之嫌。後來查一查鉛筆家史，原來從前羅馬人和阿茲泰克人都曾用過鉛來寫字。

一五六五年英國坎伯蘭的巴羅台爾發現石墨礦，人們發現用石墨寫字，比鉛更清晰方便，稱爲「黑鉛」。用以製筆，就稱爲鉛筆，可以說是沿用古名了。

又，談起報紙的產生，最早可追溯至中國夏朝，因爲那時就有政府公報發布，那是一種布告、命令，專記官方事情，並不能算是大眾化的報紙。

直至西元一五六六年，義大利威尼斯才出版了單張式報紙，有如大字報，貼在大街的房屋牆壁上，張貼的地方有人守著，民眾一旦趨前閱覽，必須付一枚銅錢。

「使用者付費」的街頭大字報發行後，立即獲得民間歡迎，有心者便開始經營此項行業了。

睡得少有助於偉大事業

一天工作完畢，就寢前的時間，是我最珍惜的，我總是在這個時候「搶」著看報紙、雜誌、新書，但徒眾總擔心會影響我的睡眠，頻頻催我早點休息，曾在報章上看過一篇報導：

古今中外，不少名人都睡得很少，不但沒有影響健康，還有助於他們偉大的事業。

擊敗拿破崙的英國名將兼政治家威靈頓，一天只睡三至六小時，而且經常是和衣而睡。

拿破崙一天只有三至四小時躺在床上，經常凌晨三時起床，對祕書口授文稿一直到天亮。

美國大發明家愛迪生，年輕時有時連續幾天晝夜工作不睡覺，他說：

「睡眠完全是一種習慣。魚，整夜在水中游不睡覺；馬，晚上也不睡，第二天仍精力充沛；人睡得少一點，就多一些時間做事。」

俄國科幻作家艾西考夫，從不用鬧鐘，每天早上不到五點就急於起床寫作，一生出版了四百部著作。

英國前首相柴契爾夫人，通常每天工作十八個小時，晚上十一點離開辦公室回家，然後親自煮一點宵夜和丈夫共享，餐後又繼續工作幾個小時。

前俄國總統葉爾欽每天也只睡四小時，五時起床，閱讀兩個小時有關當代政治和經濟書籍。

世界上睡得最少，也可以說根本不需要睡覺的人，是一名古巴人，名叫Tomas Izgu Ierdo，生於一九三三年，自從第二次世界大戰後，就沒有睡過一天覺。據說是因爲幼年得夢魘症引起，病後就不會睡，平時只用「靜坐」方式休息，在事業上雖無特殊成就，但日夜上班，一個人做兩份工，自然收入比他人多一倍。

中國世界之最

從報章上看到一則值得自豪的中國世界之最：

一、世界上最早出現的一部優秀詩歌總集，是中國春秋時代的《詩經》。

二、世界上發行最早、時間最長的報紙，是中國漢朝初期創刊的《邸報》。

三、世界上最早的推理小說是中國的《包公案》。它比聞名全球的《福爾摩斯探案》問世約早三百多年。

四、世界上最古老的軍事名著，是中國公元前六世紀成書的《孫子兵法》，至今仍被國內外所推崇。

五、世界上最早的木刻套印本，是中國公元一三四年刻印的一部有注釋的《金剛經》。

六、世界上最早的圖書分類法，見之於中國西漢劉歆輯的《七略》，比歐洲人的《萬象圖書分類法》領先一千五百多年。

七、世界上最長、規模最大的石窟畫廊是中國甘肅敦煌的莫高窟壁畫。

八、世界上法醫學史上最早的系統名著，是中國宋代刑法官宗慈寫的《法冤集錄》。

九、世界氣象史上最早的名著，是中國唐代李淳風所寫的《乙巳占》。

十、世界上最早的生態地植物學著作，是中國戰國時成書的《管子・地員》。

十一、世界上最早的針灸專著，是中國西晉名醫皇甫謐寫的《針灸甲乙經》。

十二、世界上最早的種蔗和製糖的專著，是中國宋朝王灼寫的《糖霜譜》。

十三、世界上最早用紙寫的史書，是中國西晉史學家陳壽寫的《三國志》。

十四、世界上現存最早的中醫學專著，是中國古時的《黃帝內經》。

十五、世界上保存得最完整的最早的農業百科全書，是中國北魏時傑出的農學家賈思寫的《齊民要術》。

十六、世界上最早的茶葉專著，是中國唐朝陸羽寫的《茶經》。

以教代刑

美國新罕布夏州的馬歇爾法官，對誤蹈法網的青少年，有一套「以教代刑」的方法：如果青少年初次開車超速或在商店行竊，他就罰他們唸一本名著，並寫出心得報告，以代替坐牢。

這個辦法實施以來，有一名十七歲少年超速行車被送法辦，法官指定他閱讀一本名著，該少年說：「我花了三週讀完，思考我的舉止，以後絕不再犯錯。」

另有一名十六歲女孩，在商店偷了一副耳環，法官指定她必須讀一本古典的善惡對抗小說，後來法官表示：「從此以後，這名女孩，再也沒有惹事生非。」

顯然這「以教代刑」的辦法實施以來，已頗有成效。

屋頂上的校長

在報上看到，沙加緬度市金恩小學校長瑪麗蓮・艾斯托女士，為了鼓勵學生們多多閱讀課外讀物，舉行一項「閱讀馬拉松」活動，並允諾該校七百多名學生，如果大家共閱讀十三萬五千頁的書，她就爬到屋頂上去辦公一天。

該校學生從幼稚班到六年級的學生，都參加了這次的活動，以十一天的時間，共閱讀了二十九萬七千頁的書。

艾斯托校長真的帶著陽傘，把辦公桌椅搬到校舍屋頂上工作一天，來實現她的諾言。

防水書

報紙記載，對大多數人而言，沐浴除了清潔之外，還具有全身放鬆的作用。但是對日本人而言，這段時間卻不能等閒度過，很多日本人喜歡一邊泡澡，一邊看書。而這些書是由特殊材質做成的防水書籍，其中又以學習英語的教材最受歡迎，讀者大都是準備大學考試的高中學子。

專門出版教科書的教學社因此大發利市，一本名為《洗澡學英文字彙》從一九九一年夏季以來，已售出十二萬本。儘管防水書的材質成本十分可觀，但一本一百二十頁的書，售價也不過八美元而已。

防水的古典書籍，將是教學社下一個要發行的文學書籍的目標。

怪姓名趣聞

打開台灣的《中國時報》，看到了一篇奇名怪姓的趣聞，很有意思。

目前在台灣共有五千八百二十五個姓，其中台灣本土的有一千六百九十四個姓。台北市文山區有人姓「第五」的，算是怪姓中的怪姓，但這個姓卻有兩千多年的歷史。北市寧波西路有家眼鏡店的老闆姓「阿」，來自江蘇，據他說全台沒有第二個同姓的人。台南有個女子姓「燒」，嫁給一位姓「連」的，冠夫姓後，被稱「連燒」，她公公卻認爲天天講，總有一天家中會失火，因此他建議媳婦去改姓。南投有個姓「盂」的，換身分證以後變爲「孟」，他沒有注意，後來申請房屋登記時，才發現姓被改了，馬上去找戶政人員理論，官員竟然說：「唉！你不讀書不識字，那是孟子的『孟』，天下哪有人姓痰盂的『盂』啊？」

基隆有個戶政人員更絕，有個姓俞的人申請戶口，他向戶政人員說「我姓俞，人則俞」，他的說法是怕被誤寫爲「干勾于」，沒料到自作聰明的戶政人員竟把他的姓寫成「偷」，他發現時卻在民不與官鬥的情況下，花了三十餘年才改回來。在高雄，有一位姓「毒」的毒小姐和一位姓「老」的老小姐，在她們身上，也發生了不少哭笑不得的尷尬故事呢！同樣的例子發生在新竹關東橋附近的陸光新村，有一家姓「雞」，五十多歲的媽媽被人家稱爲「雞婆」，眞是招誰惹誰。

其實，十二生肖的「鼠牛虎兔龍蛇馬羊猴雞狗豬」，在台灣都有人姓，這還不算，「柴米油鹽醬醋茶」這開門七件事、文人的七雅事「琴棋書畫詩酒花」也都有人姓。還有人姓伍名百萬，結果在參加朋友婚禮時紅包上署了個名，被人誤認爲送了五百萬的賀禮。更有一家人，爸爸叫莊飯，媽媽叫陳麵，兒子取名「水淼」（諧音水餃），女兒取名「玉桂」（台語諧音碗粿），結果這家成了有名的「飯店」。

一笑解千愁

報載數則彌勒殿對聯，相當有趣。

「笑到幾時方合口，坐來無日不開懷。」

「開口便笑，笑古笑今，凡事付之一笑；大肚能容，容天容地，與己何所不容。」

「日日攜空布袋，少米無錢，卻剩得大肚寬腸，不知眾檀越信心時，用何物供奉；年年坐冷山門，接張待李，總見他歡天喜地，請問這頭陀得意處，是甚麼來由。」

「笑呵呵坐山門外，覷看去的去來的來，皺眼愁眉，都是他自尋煩惱；坦蕩蕩在布袋中，無論空不空有不有，含哺鼓腹，好同我共樂昇平。」

「大肚能容，容天下難容之事；慈顏常笑，笑世間可笑之人。」

「手上只一金元，你也求，他也求，未知給誰是好；心中無半點事，朝來拜，夕來拜，究竟爲何理由。」

「你眉頭著什麼焦，但能守分安貧，便收得和氣一團，常向眾人開口笑；我肚皮這般樣大，總不愁穿處吃，只講個包羅萬物，自然百事放寬心。」

交友之道

晚上臨睡前，順手拿起《愛廬小品》閱讀，在〈交友之道〉一篇中，把朋友分爲如下種類，甚有新意：

以道義相勉，有過失相勸的叫「畏友」；有急難相助，逢生死可託的叫「審友」；知面不知心的叫「面友」；只知甜言蜜語、酒肉遊戲的叫「暱友」；遇到有利就相奪，有害就相軋的叫「賊友」；因地位盛衰而友情冷暖的叫「華友」；依利益多寡而辨厚薄的叫「秤友」。

「要做好人，須尋好友」，圍繞在我們身邊的是哪種朋友呢？

身體力行

在雜誌上看到一則勵行，值得給徒眾參考。

「今天我要：能有爲人服務的機會；即使十分鐘：我要反省、思考，驅逐懷疑，建立信心，給想念我的人寫一封信，履行一項諾言，忘掉一項舊怨，檢查我對別人提出的要求，發願不可對別人苛刻，爲一項原則戰鬥，克服一項由來已久的恐懼，花幾分鐘時間欣賞大自然；告訴人：我敬愛大家。」

把握當下

今天看到一則小啓示，饒富深意。

萬川歸海，來自各地的水像遊子歸來。大海問水滴：「孩子，告訴我，你這趟人生之旅的遭遇。」水滴道：「藉著太陽的幫助，我蒸發爲熱氣，升到天際，這時我是雲，看盡世界的美麗。後來我凝聚爲雨，降落大地，在土中潛伏一段時日，藉著山泉湧出化爲水，隨著山溪、小河、大川的航道，我又回歸大海。」

大海問：「在這麼多的境遇中，你最愛哪一個階段？」水滴道：「當我是氣時，我是氣，蒸發昇華；當我是雲時，我是雲，浮遊天際；當我是雨時，我是雨，滋潤大地；當我是泉時，我是泉，噴灑自如；當我是水時，我是水，行腳江河；當我是海時，我是海，安心自在！」

大海說：「眞難得，你有如此體悟。」水滴說：「生之旅的意義，在於每個過程當時當刻的生活體驗實踐，不在最終的目的。」

大海說：「不背負從前，不企盼將來，只品嘗現在。因此，水滴你能如此逍遙自在。」

人心獸心

在書架上，翻到一則俏皮話，頗有意味。

小說家寫道：狐狸練成精靈，就可以變成人樣。有一隻狐狸很相信這種說法，便天天修練，練了兩千年還不能變成人。

一天，牠偶爾進城，看見有個反穿貂皮馬褂的人，不禁大爲驚奇，便去詢問有道的長者：「我想要變成人，修練了兩千年都不能成功。今天我看見一個人，上半身已經變成野獸了，請問他修練了多少年？」

長者道：「凡事要變化形體，首先必須要變化他的心。你雖然修練了兩千年，可是還沒有變成人心，所以到底還是不能變成人形。可是今天你見到的，明明是人，而上半身已經變做野獸，這種人的心，早已變成獸心，所以不必修練，隨時可以變成野獸了。」

話如衣冠

人與人相處，講話實在是一大藝術，很多不必要的誤會、口角皆因「說話」而起，在《讀者文摘》上，有一則〈話如衣冠〉：

「……說話就像穿衣，有時一本正經，有時輕鬆隨便，例如：求職信或讀者投書——這是穿黑禮服打領結的語言；有些比較隨便的語言——是穿較為舒適但依然講究的西裝；晚上和週末與密友談話使用的語言——是穿牛仔褲、運動衫的語言；隨口說出全不用合語法的話，使大家更親密——這是穿睡衣和披頭散髮的語言；夫婦間閒談、嘆息和咕噥——是最不自覺、坦白和原始的語言。」

如果「話」與「衣冠」沒有配合好，自然就起誤會了。怪不得古德要說，縱然周知天下事，不知進退，總是愚人。

惰傲致敗

在《進德錄》上，看到一則故事。

有一位富者，請工人大興土木，建了一幢非常考究的房子，新居落成當日，富者請了左鄰右舍、親朋好友到新居來用餐，只見上座坐的是蓋新房子的工人，下座坐的是富者的子媳，鄰人不解地問道：「爲什麼要讓工人坐上座，子孫坐下座？」富者說：「我請工人們坐上座，是感念他們爲我建房子的辛苦；子孫坐下座，是因爲將來可能會賣房子的就是他們，希望他們能體會『創業維艱，守成不易』的苦心，不必計較上座與下座。」

曾國藩曾云：「天下古今之庸人，皆以一『惰』字致敗；天下古今之才人，皆以一『傲』字致敗。」濫用則多費，多費則多營，多營則多求，多求則多辱。對一些只知坐享其成的人，實應有所警惕。

該與給

在《中央日報》上看到一則題爲〈九不該〉的趣談，是已故政界聞人雷嘯岑（筆名馬五先生）四十年前曾在《香港時報》寫過的故事，大意是：

民國初年，某縣發生歹徒綁架勒索撕票案件，縣太爺聞訊大爲震怒，即囑祕書王某，下令有關單位限期破案。王祕書係縣長親信，愚而好自用，於是大筆一揮，以縣長名義向命案發生之處的鄉長，下了一紙手令——

「查該鄉近有不法之徒向該鄉某富戶綁走一十歲幼童，因索取贖款不遂，竟將該幼童殺害。該案發生後，該鄉鄉民人心惶惶、寢食難安。歹徒心狠手辣，目無法紀，理當繩之以法。該案發生在該鄉境內，著令該鄉長於令到三日內將該歹徒緝捕歸案，以憑嚴辦。」

這道手令全文不過百餘字，王祕書一共用了九個「該」字，官腔十足，使人無法消受。某鄉長以職責所在，雖然心中不悅，仍不敢違抗縣令，只得奉令行事，三日後，歹徒落網，命案偵破。縣太爺論功行賞，特別召見某鄉長面與嘉勉。某鄉長不但不敢居功，並面懇縣長准其辭職。問何以故？答曰：「日前鈞長令我辦案，一道手令，八九不離「該」，滿紙僚氣，使人不敢奉承。卑職秉性冥頑，曲意逢迎，固非所願，抗命棄職，勢必賈禍。如其隱忍戀棧，寧可早日讓賢。」

語畢，雙手將縣太爺日前給他的那紙手令呈放在縣長辦公桌上，準備反身離去，縣太爺看過手令，不覺莞爾而笑，隨即在上面批了四句七字箴言：「一紙公文九個該，一該該出是非來；從此該員該留意，不該該處莫該該。」並交還鄉長送王祕書歸檔。

常云：「公事門中好修行」、「得饒人處且饒人」，處在這群我關係親密的社會中，待人處事要留個空間，以便轉身，在公務中給人方便是最好的結緣方式，進而給人歡喜，那就更美好了。

橄欖球

就寢前翻了一下這一期的《讀者文摘》，有一小段寫道：

「有一位七十高齡的老先生，兒女在替他做壽時，他致詞說，爸爸好比一個球，當他的利用價值最高時，孩子你爭我奪，此時是『籃球』；退休以後，孩子們你推過來，我推過去，此時是『排球』；到老邁年高、行動不良時，孩子們你一腳我一腳，唯恐踢不出去，此時是『足球』。」

看完不禁會心一笑。我想在佛教裡，不管信徒或徒眾，我有一份自信，就算我老了，他們也一定會緊緊地抱著，如「橄欖球」似地不放我。這就是師父與父親不同的地方吧！

保密比洩密快樂

偶於書上，看到一段保密的故事。

五代吳國「徐知誥」與「宋齊邱」議事，總是選擇水心涼亭，低聲商談。兩人在大廳中圍爐對坐，把周圍的屏風一律撤除，使旁人無法偷窺，他倆用鐵筋在爐炭上畫字「筆談」，寫完了馬上壓平。

燕太子丹與田光謀刺秦王，田光推薦荊軻，太子說：「此事關係燕國存亡，務請保密。」田光回答：「是！」回家後立即自殺，用自殺來表示不會洩密。

當一個人覺得保密比洩密更爲快樂時，這人才是眞正成熟了。

「大其心容天下難容之事，

同其心悲天下待救之眾，

潛其心觀天下微妙之理，
寬其心聽天下難忍之言，
入其心測天下變化之局，
平其心論天下不平之道，
定其心應天下無常之變，
發其心度天下受苦之人。」

也是犯法

在《皇冠》雜誌上看到一則趣文，節錄下來供大家欣賞：

有一個殺人兇手向神父告解，懺悔罪惡，表白他才是某件案子的眞兇，然而另一位無辜的人已被逮捕，而且判了死刑。

這位神父聽了以後非常煩惱，因爲他的宗教信仰不允許他將別人告解懺悔的內容說出來。於是，他到同樣是神父的朋友那裡去懺悔，也使這位朋友陷入煩惱之中。

到了那位被冤枉的死刑犯執刑那天，神父問：「你還有什麼遺言嗎？」死刑犯回答：「我是冤枉的！」神父說：「我知道，全國的神父也都知道你是冤枉的，但是，誰也不能說出事實的眞相！」

看完這則故事以後，心裡有三種看法：

一、神父應該規勸懺悔的人向法庭投案。

二、神父可以為懺悔的人說情，以減輕刑期，但是不可以赦免他殺人的罪狀。

三、從佛教觀點來看，應說而不說也是犯了「妄語罪」。

少看電視

在《讀者文摘》上看了一段報導：

「我們智力減退的原因之一是看了四十年電視。大多數電視廣告，對人們並無多大助益，故有人稱電視廣告爲精神垃圾品，倒不是說看了三十分鐘節目會使你的腦子掉了一塊，這和吃塊白麵包會使你掉顆牙一樣是不可能的。可是四十年來每天吃白麵包、白糖或這類東西的確會傷身體。看了四十年大部分是毫無意義的電視，也必定會損害我們的智力。」

出國爲哪椿？

在報上看到一則〈問你出國爲那椿？〉很值得大家參考。

……就觀光體驗類型方面，有些人把觀光當成遠離家居生活的一種「遊戲」，並不在乎所見聞事物的眞實性；有些人出國是爲了逃離無聊、厭倦和無意義感；有些人出國則渴望看到一些「眞實」，但僅止於欣賞，如觀賞少數民族祭典；有些人則在旅行時做「自我追尋」；更有人在追求現實環境找不到的「人間淨土」……

如果有機會出國，其動機如何？心態如何？在我的徒弟中，據我所知，有百分之九十的人想出國深造，只是托福、GRE的關卡不容易過。一念及此，自然想到那些在海外求學的徒眾，何時可以學成歸來？

「身不饑寒，人未嘗負我；學無長進，我何以對人。」

清靜時刻

有一則漫畫：做丈夫的回家了，開門前，怕太太跟他嘮叨，就在胸前掛個牌子，上面寫著——「別問我」。

太太一看到先生胸前的牌子，立刻怒氣發作，轉身拿了一個牌子掛在背後，上面寫著——「別惹我」。

丈夫進門，到了客廳，看到兒子趴在地上看電視，頭上頂著一面牌子——「別揍我」。再走幾步，又看到家裡的管家掛著牌子，上面寫著——「別叫我」。

人人都希望有不受干擾的清靜時刻，然而境界是完全不一樣的。

嘮叨是福

睡前，在書上看到一則〈嘮叨是福〉：王先生的修養很好，不管王太太怎麼嘮叨，他從不生氣，頂多回一句：「老伴，有得完沒有？該休息了吧？」可是王太太的聲音卻會愈來愈大。

有好一陣子，再也沒有聽到王太太的嘮叨聲，原來是她偷看了王先生寫的一首詩：

「相伴嘮叨自有緣，嘮叨半世意纏綿；

勸君休厭嘮叨苦，寧願嘮叨到百年。」

等到嘮叨聲音變小的時候，也就去日無多了。奉勸天下夫婦，無聲勝有聲，有聲更寶貴！

星雲大師說故事

讀書沒有什麼特別方法，只有慧巧活用。
讀書是讀心、讀自己，在生活中讀。
會讀書的人，百忙之中也可以讀書。
讀書不妨礙做事，做事亦不妨礙讀書。

古籍故事

一句話的轉變

相傳孔子很欣賞名叫顏琛的學生，有一次顏琛要去向孔子請安，聽到屋內一段對話——

東門長老問：「您不是說顏琛很聰明嗎？」

孔子答：「可惜他沒有苦學精神。」

東門長老又問：「那他將來有何成就？」

孔子說：「他不願苦學，我從來就沒有指望他能成大材。」

在門外的顏琛聽完後慚愧交加，馬上回房收拾包袱便回家了，只留下「三年後再會」幾個字。

回到家之後，顏琛把自己關進書房，並閉門謝客，發心苦讀，期間孔子先後來探望他兩次，都被顏琛以不在家或生病的理由回絕了。三年後，顏琛正準備出門，卻見孔子和東門長老往他家的方向走來，顏琛親自迎上前，請孔子進屋，孔子遞了一塊上書「三年後再會」的竹簡給顏琛，並說：「我按時來了。」

顏琛說：「我正要出門去見恩師，沒想到您就先到了。」說著，並拖出一大堆書簡：「恩師！您考吧。」經過一番試驗，孔子欣喜地讚嘆道：「在我三千弟子中，顏琛可謂獨占鰲頭了。」

唐時，丹霞禪師本來要進京赴考，在途中遇見一位出家人對他說：「選官不如選佛。」當下改變主意，到寺院出家參禪，而成爲一代祖師。

有的人爲「一句話」積極向上，努力以赴；有的人則頹廢消沈，自暴自棄。在人生道上如何轉一切音聲爲陀羅尼，不僅是一種修持法門，也是改變我們一生的轉捩點。

嚴以律己

宋時，諫議大夫陳省華有三個兒子，長子堯叟當了宰相，二子堯咨及三子堯佐也在朝為官，一家都非常顯貴。

陳省華卻要妻子每天帶著兒媳婦下廚做飯，他的治家信條是：「官職愈高愈要嚴以律己，才能取信於民。」

大兒媳常向丈夫堯叟訴苦：「你當宰相，我是宰相夫人，為什麼還要天天下廚房？能否跟爸爸表示，免了這條規矩。」堯叟總是搖頭不語，大兒媳只好回娘家哭訴。

有一天，馬尚亮在上朝途中遇見陳省華，就說道：「親家，我女兒從小沒下過廚房，你就別讓她天天做飯，更何況她現在是宰相夫人。」

陳省華不悅地說：「誰讓她一個人做全家的飯？她只是跟著我那笨拙的

妻子在廚房打雜，她連打雜也不做，難道讓她婆婆自己做嗎？」

馬尚亮聽說做飯的人是陳省華的妻子，很感動地說：「親家！這就是我的不是了，小女就煩您多多教育吧。」

剪裁官服的祕訣

明朝時，有一位著名裁縫師叫厲成，刀法如風，名官大臣的衣服，只要經過他的剪裁，個個合身且儀態萬千。到他退休那天，許多京師的裁縫都圍著他，要他說出剪裁官服的祕訣。

厲成說：「我剪裁大官的衣服，不只看他體形高矮肥瘦，更重要的是問清楚他任職的年數。」

看著四周大感錯愕的裁縫師們，厲成又解釋道：「這個官員如果是剛上任，意氣很盛，不可一世，姿勢是上仰的時候居多，衣服就要前長後短；任職稍久，意氣漸平，就前後長短相等；如果任職已久，久久不遷調升官，茫然心虛，連一個下位者也不敢得罪，見人就笑揖，那時的衣服要前短後長才行！」

裁縫師聽了都非常心服，沒想到有一位年少的裁縫師並不完全同意，說道：「現在時代不同了，許多新官剛上任，邊還沒有摸清楚，就到處謙卑；一朝摸熟了，抓穩了，就驕傲跋扈。而且一遇上級就屈膝卑躬，一遇下級就傲慢自大，一天之內忽而前短後長、忽而前長後短，那又要如何爲他剪裁衣服呢？」

厲成哈哈大笑地說：「正因爲猢猻戴帽的時代到了，風氣大壞，我才要提早退休呀！」

不要看表面

孔子在陳蔡被困時，七天沒有進食，顏回設法弄了些米熬粥，就在快熟的時候，孔子瞥見顏回偷吃鍋中稀飯，待他送稀飯給孔子時，孔子就故意說道：「我剛才睡著了，夢見已死的父親，我吃完飯後，再送給他吃。」

顏回知道孔子所指，解釋道：「剛才有煤灰掉入鍋中，如果把沾有煤灰的稀飯扔掉太可惜，只好把表面髒的一層吃掉。」

孔子感嘆地說：「我應該相信自己的眼睛，可是眼睛不可信；我應該依恃自己的心，可是自己的心不足恃，學生們記住，要想了解一個人是多麼不容易啊！」

是「石」非「瓦」

宋代，石曼卿學士出遊報寧寺，侍從不留心，使馬受到驚嚇，馬背上的石曼卿因此摔了下來。

隨從的人大罵，誰知石曼卿只是溫和地握著馬鞭，對隨從的人說：「好在我是『石』學士，如果是『瓦』學士的話，豈不要摔破了？」

一句幽默的話、一些和善的語言，這就是禪的生活了。

知音難尋

清朝左宗棠身體非常肥胖，有一個大肚子，常常喜歡在茶餘飯後捧著自己的肚子，自得地說：「我不辜負我的肚子，我的肚子也不辜負我。」

有一天，他問左右的人：「你們知道我肚子裡裝的都是些什麼嗎？」

「有十萬甲兵。」

「有滿腹經論。」

「有包羅萬象。」……

部下們七嘴八舌想盡力討好這位將軍，但都被左宗棠搖頭否決，這時有一個小兵卻大聲說道：「將軍肚裡裝的全是『馬絆筋』（牛吃的草）。」

左宗棠一聽，大樂，拍著桌子說：「對！就是這個答案。」並將小兵升了官。

牛能任重道遠，左宗棠一向以牛比喻自己，說他肚裡全是草，正合乎他是牛的心意，難怪要升小兵的官。

人與人相交，貴在相知。史上多少捨身賣命的例子，都只為「知音」罷了。

紀曉嵐的機智

清朝的名臣紀曉嵐才華橫溢、文思敏捷，並且性格詼諧，經常語出驚人，妙趣橫生，而盛名於當時。

紀曉嵐中進士後，受到乾隆皇帝的賞識，當上了侍讀學士。有一天，皇上遲到，紀曉嵐就對另一侍讀學士說：「老頭子怎麼還不來？」誰知乾隆皇帝剛好聽到這句話，龍心不悅地問道：「誰在說話？『老頭子』三字如何解釋？」侍讀學士們嚇得趕緊俯伏於地，不敢出聲。紀曉嵐卻從容地脫帽，跪答道：「臣認為萬壽無疆便是『老』，萬民之主是為『頭』，天為母地便是『子』。」

皇上聽到這無懈可擊的回答，不禁轉慍為喜，把手一揮道：「好了，開始讀書吧！」一個人能有靈思巧慧，多麼可貴。

像大海一樣

子路問孔子：「管仲是怎麼樣的人？」

孔子回答：「是仁者。」

子路又問：「管仲曾想說服齊襄公施政而沒有被接受，是辯才不夠；襄公死後，輔佐公子糾卻無法得到齊君之位，是能力不足；隻身逃出齊國，連累家族而不悲傷，是沒有慈孝之心；在魯國淪爲階下囚而不覺慚愧，是沒有羞恥之心；回到齊國出仕當年的仇敵齊桓公，是不忠；召忽爲公子糾守節自殺，管仲不死，是不仁，缺失這麼多，老師怎麼稱他是仁者？」

孔子說：「管仲說服不了襄公，那是襄公沒眼光；輔佐公子糾不成，那是時運不濟；家族殘破而不悲傷，那是豁達知命；身爲囚徒而不慚愧，那是自省後的坦坦蕩蕩；出仕昔日的仇敵，那是知道權衡事情的輕重緩急；召忽殉死而管仲不從，那是因爲召忽的才幹平平，不死也只是個敗戰的囚虜，殉死反而可以成爲名揚天下的守節之臣。管仲是才堪治理天下的王佐之才，怎麼能拘泥於小節而置天下萬民於不顧？」

人生是污穢的川流，要涵納這川流而不失其清潔，人必須成爲大海。

得意與失意

劉邦做了皇帝以後，有一次生病，傳旨誰也不接見，一連多日，許多事情都不得奏報，文武百官爲朝中大事非常焦急，但又不敢進宮見駕。

將軍樊噲很惱火，就闖進宮去，一直來到皇帝床前，高聲道：「想當初，您在沛縣起兵時，何等英雄氣概，今天下已定，精神怎麼反而如此不振？您重病不和大臣商議國家大事，整天只和一兩個太監待在深宮裡，難道您忘了當年秦始皇病死時，宦官趙高假造遺詔，殺害公子與文武大臣，禍亂天下的事嗎？」

劉邦聽罷翻身起床，馬上召見群臣，商議大事。

「當得意時，須尋一條退路，然後不死於安樂；當失意時，須尋一條出路，然後可生於憂患。」

只知其一，不知其二

墨子生病時，弟子跌鼻來探望他，就在枕邊說道：「常聽老師說，鬼神確實存在，具有帶福禍的力量。死會給正直的人帶來福，給邪惡的人帶來禍。老師您是聖人，爲何會生病呢？是否您說的話不正確？還是鬼神根本就沒有制裁人的力量？」

墨子：「雖然我生病了，但你馬上就把我和鬼神扯在一起是不恰當的。造成生病的原因很多，如風寒、疲勞、營養不均……等等都是。你的想法就是看見許多扇門，而以爲只要關閉其中一扇，這樣子小偷就不會來了。」

故，凡事要有整體觀念，不要像瞎子摸象，只知其一不知其二。

各有所長

甘戊出使齊國，正乘船渡大河。

船夫說：「河水不過是小小間隔，你卻不能自己渡過去，還能替國君去遊說嗎？」

甘戊回答：「話不能這樣說，這道理你還不懂嗎？世間上的事物各自都有短處和長處。謹慎老實、善良厚道的人，可以侍奉君主，卻不宜讓他去指揮軍隊打仗；騏驥馬駬這樣的良馬，牠的腳力能跑上千里路程，把牠放到宮廷房間去捕老鼠，那就遠不如一隻小貓；干將是很鋒利的寶劍，名聲傳揚天下，如果木匠拿它伐木料，那就比不上斧頭。現在拿著船槳讓船隻在水面上上下下地隨意流動，我不如你，但遊說大大小小國家的君主，你就不如我了。」

用人哲學

（一）

在《史記》〈淮陰侯列傳〉中提到：

韓信平定齊國，派人報告漢王劉邦：「齊人狡猾多變，南邊又靠近楚，如果沒有人代理齊王來統治，勢必不安定，我希望先代理做齊王。」

這時，楚軍正在滎陽緊緊包圍著劉邦，韓信派的人一到，劉邦拆信一看，大發脾氣罵了起來：「吾被困在此，早晚全在巴望著你來解圍，竟想自立爲王！」

此時張良在旁邊踩了劉邦一腳，劉邦馬上懂得了，接下去罵道：「再說，大丈夫要做就做眞王，做什麼代理的！」

於是就派張良去封韓信爲齊王。

用人有很高深的學問，殘兵敗卒不要緊，但要懂得用，不會用人，再精良的兵將也無用，不能讓屬下發揮所長，是主管的缺失、團體的損失。

（二）

高繚在晏子手下做官，晏子想辭退他。

晏子左右的人規勸他說：「高繚侍奉先生已經多年了，您從來沒有給他什麼爵位，現在卻要辭退他，似乎說不過去。」

晏子：「我晏嬰是一個偏狹淺陋的人，需要周圍的人加以扶助，這樣才能做得公正無誤，現在這個高繚跟隨我多年了，從來沒有糾正過我的過失，因此我要辭退他。」

「自疑不信人，自信不疑人，疑人莫用，用人莫疑。」

（三）

宋朝太尉王旦曾舉薦寇準為宰相。寇準經常在皇上面前指出王太尉的缺失，而王太尉卻屢次稱讚寇準的長處。

有一天，眞宗對王旦說道：「你經常在我面前讚美寇準，可是他卻專議你的不是。」

王旦回道：「這是必然的道理，我擔任宰相時間很久，政事自然有不少缺失，寇準對陛下能直言無隱，足證他對陛下的忠直，這也是我所以推崇他的主要原因。」

助人來結緣

有一戶人家，父親往生時，留下了十七頭牛，遺囑上寫明，其分配方式是大兒子得二分之一，二兒子得三分之一，小兒子得九分之一。十七頭牛的二分之一或三分之一或九分之一皆非整數，令三個兒子非常苦惱，甚至發生口角。

鄰居有一位長者，每天看著三個兒子吵鬧不休，就將自己僅有的一條牛送給他們。十七頭牛加上長者的一頭，共十八條牛，其二分之一是九條牛，三分之一是六條牛，九分之一是兩條牛，一共是十七條牛不多不少，於是三兄弟就把多餘的那條牛還給鄰居的長者。長者絲毫沒有損失，反而替三兄弟解決了問題。故幫助別人實在是最好的結緣方式。

朋友的重要

唐貞觀年間，唐太宗常為魏徵直言快語的頂撞，及毫不妥協的據理力爭動怒。長孫皇后反而非常高興地對太宗說：「國有賢君，才有正直不屈的臣子，如果像夏桀、殷紂那樣殘暴的皇帝，就沒有人敢抗言直諫了，這實在是一件可喜的事。」

又有一次，太宗和魏徵在一起談天，魏徵表示要做一個良臣，不要做忠臣，太宗不解地問道：「為什麼？」

魏徵說：「我願意像稷、契、皋陶一般，輔助堯舜治理天下，不想如龍降、比干一樣，在朝廷以死諫勸說紂王，以得忠臣之名！」

太宗聽後，非常感動，說道：「一般的鏡子，可以整理衣冠儀容；歷史當做鏡子，可以明白治亂興衰；魏徵對我而言就如人鏡，可以反映我言行上的得失。」

「友直，友諒，友多聞。」

「友如花、如秤、如山、如地。」

「小人固當遠，然亦不可顯爲讎敵。君子固當親，然亦不可曲爲附和。」

朋友對我們一生的成敗實在是個轉捩點，怪不得古訓常教誡我們「近朱者赤，近墨者黑」。

富弼的包容

宋朝宰相富弼處理事務時，都反覆考慮，無論事大事小，都要萬無一失才做，但是「萬全之舉多怨」，有人對他瞻前顧後、謹慎小心的辦事態度非常不滿，常在背後嘲笑他、攻擊他。

手下的人對富弼說：「有人在罵你！」富弼一點也不在意地說：「他們是在罵別人。」

對方強調著：「不，是指名道姓地在罵你富某！」

富弼淡然回道：「天下同名同姓者也很多。」

「拍馬屁」的由來

清朝時，上至文武百官，下到庶民百姓，男子都需要留長辮，究其原因，是因爲滿人以遊牧爲主，朝夕與馬形影不離，相依爲命，故以馬爲尊，馬成了滿族的象徵。

清朝臣民都很樂意爲皇上或上司效犬馬之勞，無論穿著和行禮，也以馬自喻：馬辮表示「馬尾」，朝服上的項珠表示「馬鈴」，前後兩塊方形圖案表示「馬披」，頭上頂戴花翎，頂戴以示「馬鞍」、花翎便成「馬鞭」。

如若上朝，兩袖一伸，雙手活像馬前蹄，朝地上一跪，從頭到腳成了一匹效忠的「馴馬」。

據說「拍馬屁」一詞，始於清朝。皇上和上司都成了馬，臣僚們要奉承討好，就好像在馬屁股上輕抓慢撓，以博馬的歡心，故名「拍馬屁」。

外國故事

挨罵能成就龍象

後滕清一在松下電器當廠長時，由於沒有經過松下的批准，就擅自作主將員工薪資提高，松下知道以後大爲震怒，立刻召見後滕破口大罵：「你什麼時候變得這麼了不起，你以爲你是誰啊？要弄清楚，我才是老闆！」松下愈罵愈生氣，一邊拿著火鉗猛敲取暖用的火爐，由於太過用力，把火鉗都敲彎了。

在旁的松下親戚看不過去，挺身而出爲後滕講情，沒想到松下連這個說情的親戚也一起罵，因爲罵得實在太兇，後滕恐懼得昏倒，結果被松下用葡萄酒灌醒。

松下將火鉗遞給後滕說：「這根火鉗是爲了你才被敲彎的，回去以前，將這根火鉗弄直。」後滕急忙接過火鉗，努力扳直。這時候，松下爲自己的怒罵向後滕道歉，但仍覺不放心，囑咐祕書送後滕回去。祕書把後滕送回家後，偷偷地交代後滕的太太：「後滕兄挨老闆的罵，心裡很傷心，說不定會自殺，請注意他的一舉一動。」

第二天一大早六點多，松下就打電話給後滕說：「是後滕嗎？我沒什麼特別的事，只想問你是否還在意昨晚的事？……沒有嗎？那太好了。」從此後滕的前半生都追隨著松下幸之助做事。後滕回憶此事時，有感而發地說：「如果我因爲挨罵而頂嘴離職，就不會有今天的成就。」

看到這則故事，不禁感嘆：佛門的歷代祖師也經常藉著呵罵來接心，不知成就多少龍象，可惜現代人缺乏這種大根器，禁不起挨罵，當然成就也就有限。

記得低頭

十八世紀的美國政治家富蘭克林，有一次去拜訪一位長輩。當他跨腳走進對方家門時，由於房門很矮，他的頭不小心撞到門楣，他痛得眼淚都掉了下來，這時，始見那位長輩蹣跚走出來，對富蘭克林說道：「很痛吧？你今天來拜訪我的最大收穫，就是這個痛。若要在這個世界上生活得平安、順利，就得常常低頭。你可別忘了，這個教訓對你有很多好處。」

富蘭克林對長輩的教訓銘記在心，處處表現謙虛。二十歲時，創造了著名的「十三訓」——沈默、規律、節約、勤勉、誠實、正義、中庸、清潔、養生、平靜、純潔、決斷、謙虛。

美國剛建國時，富蘭克林留下許多血汗功勞，被美國人尊稱爲「揚基之父」。

不被成功沖昏頭

美國影星米高．福克斯得到第一座艾美獎時，高興地將獎座帶回家給人看，並自鳴得意地把它放在大廳桌上。

第二天下樓時，赫然看到弟弟的拳擊錦標、母親的滾球錦標、父親的橋牌錦標和它並列，大家什麼也沒說。

後來，他常向人提起：「如果成功讓我沖昏了頭，我的家人總能使我清醒。」

盡力把牌打好

艾森豪小時候常和家人一起打橋牌，有一次他拿到一副壞牌，心裡非常不悅，便一邊打一邊埋怨，母親聽了很不高興，斥責道：「孩子，玩牌的規矩，就是不管你拿到什麼牌，都不可以抱怨，而要盡力打好它。人生也是這樣，不論你遭遇何種處境，你都要在這種處境和條件當中，盡可能地做到最好的地步！」

艾森豪能成爲偉大人物，受這一席話影響不少。

假眼的慈悲

美國有位百萬富翁，因為左眼壞了，就花錢請人裝一隻假眼。由於假眼做得非常精緻，不易認出，富翁就很自豪地到處誇耀。

有一次，他碰到名作家馬克・吐溫，便要對方猜猜哪一隻眼睛是假的。馬克・吐溫端詳了一陣，就指著左眼說：「這隻是假的。」

富翁不解地問他何以知道？馬克・吐溫說：「因為你這隻眼睛，還有一點慈悲。」

節儉的洛克菲勒

美國洛克菲勒有一次到了日本，想住飯店，經理想到他是堂堂石油界鉅子，便爲他安排總統套房。洛克菲勒問經理說：「有便宜一點的房間嗎？」經理於是爲他安排次等的房間。

洛克菲勒再問：「還有更便宜一點的嗎？」經理只好再爲他安排更次一等的。

等洛克菲勒住進房間後，經理忍不住問道：「您的兒子小洛克菲勒每次來日本，都是住最豪華的總統套房，爲何您自己反而如此節儉呢？」

洛克菲勒說道：「因爲我兒子有一個有錢的老爸，但我沒有呀！」

政治人物的條件

菲律賓獨裁者馬可仕的夫人伊美黛，是個揮霍無度且愛慕虛榮的人，以致於後來遭到菲國人的唾棄。

不管伊美黛走到哪裡，必定有個乞丐跟著她，並伸手向她要錢。時日一久，伊美黛終於感到厭煩，就對乞丐說：「你們這些乞丐，髒兮兮的，非常不雅觀，我一定要制定逮捕所有乞丐的法律。」

乞丐哀求道：「拜託你！馬可仕夫人，你也看到我的雙腿不良於行，很多身體健康的人尚且找不到工作，更何況是我們這些殘障者，如果你真要逮捕我們，以後我們要如何生活下去呢？」

伊美黛說：「我給你一次機會，去從事正當的工作，你想要做什麼？」

乞丐：「那麼請你給我一張你的放大照片，並請你簽上名字。」

半年後，伊美黛又看到那個乞丐，不同的是乞丐當時坐著賓士轎車，穿著筆挺西服，口裡叼著雪茄。

伊美黛驚奇地說：「我眞不敢相信，你到底從事什麼事業？」曾是乞丐的男子說：「這一切都是拜你照片所賜！」

伊美黛問：「爲什麼？」乞丐說：「我告訴你，但你絕對不可對總統或警察說，我租了一個房間，並掛出你的照片，在看板上寫著『向照片撒尿，一次收費兩塊錢』，於是我很快就變成富翁了。」

身爲政治家，除了必須具有政治學識和經驗外，更要有雅量接受各界人士的消遣，所以坊間常有人言，從事政治者必須具有——犀牛的厚皮、大象的記憶、拉車的體力、海狸的執著、小狗的馴服、海龜的健康、老牛的耐力、駝鳥的胃袋、獅子的勇氣、羚羊的速度、烏鴉的幽默、騾子的頑固、家狗的忠誠。

樂觀力量大

水井裡，有兩個水桶在聊天，一個水桶說：「有什麼用呢？每一回他們把我裝滿，馬上又把我倒光。」

另一個水桶說：「每一回我被倒光，立刻又會被注滿。」

世間上的事情都是兩面，但看人們怎麼想。永遠往好處想的人，快樂滿懷；往悲處看的人，痛苦不已！

這個時代，需要的就是樂觀，樂觀比財富力量大。

尋找幸福

有兩條狗，大狗看到小狗老是繞圈子，要咬自己的尾巴。大狗就問：「小狗，你爲什麼一直轉圈子，咬尾巴呢？」

「大狗，你難道不知道嗎？大家都說幸福在我們狗的尾巴上，我在找自己的幸福，所以我要咬尾巴。」

大狗又問：「你能咬得到尾巴嗎？」

小狗想了想，終於問大狗：「你是如何找尋自己的幸福？」

大狗告訴牠：「我找幸福快樂就是向前走，只要我向前走，狗尾巴上的幸福快樂自然緊緊地追隨著我。」

積習難改

有一隻毒蠍想過河，但不會游泳，就請岸邊的一隻烏龜，背牠過河。

烏龜說：「我背你過河？萬一你咬了我一口，我不就沒命了嗎？」

毒蠍回答說：「我咬你對我也沒有好處，萬一你中毒沈到河裡，我不是也一樣沒命嗎？」

烏龜想想也對，就背毒蠍過河。在河中央時，毒蠍還是忍不住咬了烏龜一口。烏龜中毒後痛苦地呻吟道：「早說過不背你的，你不守信用還是咬了我。」

毒蠍愧疚地說：「對不起！我不是有心的，只是我咬人已成習慣了，在不知不覺中，忍不住就咬了你。」烏龜終於與毒蠍雙雙滅頂。

煩惱易斷，惡習難除，平時養成良好的習性，是何其的重要呀！

心太軟的水鬼

有個水鬼，到了該找替身的日子，就到河邊去。可是每次看到那些遭遇悲苦、心灰意冷到河邊來尋短見的人，他不但不設法迷惑人家，反倒心生不忍，常爬上岸去喊醒對方，勸他們不要做糊塗事。

這樣一次次地失去找替身的好機會，就拖了一百年，仍舊是個受苦的水鬼。管理陰陽輪調的天神，氣得把他叫去訓話：「像你心腸這麼軟，怎配做水鬼？」

說完，那水鬼一霎間就變成神，往天上去了。

生前就要奉獻

一則小故事：有一天，豬向牛抱怨道：「人類很不公平，我從豬毛、豬皮、豬肉及至五臟六腑沒有一部分隱藏，全身都奉獻出來，但人們仍嫌我髒、嫌我懶、嫌我笨；反觀你們牛不但受到人們讚揚，還贏得辛苦耐力的美譽，這對我實在太不公平了。」

牛想了一會兒道：「生前我就替人類拉車、耕田、提供牛奶，進而奉獻我的全身；而豬你則要到死後，人類才會得到你的好處，我想這就是我們不同的地方。」

關在籠裡的鸚鵡

古時有位段姓富商，養了一隻原產甘肅的鸚鵡。鸚鵡很聰明，不但會說話，還會背李白的詩。每當客人來訪，牠都會叫僕人倒茶，主人非常寵愛牠。

後來富商因罪入獄半年，一回到家就對鸚鵡說：「這半年來，我被關在牢裡，日夜都在思念你，你還好嗎？」

鸚鵡說：「您在牢裡只待半年就受不了，我在籠裡已多少年了，您知道嗎？」

富商聽後感觸頗深。第二天就專程備好馬車，將鸚鵡送到甘肅邊界，把牠放生了。

剎那與永恆

栽在盆裡的曇花說：「永恆啊！你在哪裡？」

「你在叫我嗎？」

「剎那」回答：「我本名叫剎那，不過人們老愛說我是永恆。」

好人難做

某甲要過河時，看到橋被水沖走了，就到寺院內把一尊木雕的神像抬出來，架在岸上當橋過。

某乙看到，嘴邊直喊：「罪過，罪過，怎可如此褻瀆神像？」趕快把神像供回寺院，並以香花水果禮拜。不料神像竟然向某乙要添油香，某乙不解地問道：「某甲如此糟蹋您，您都默默承受，我對您香花禮敬，您反而要我添油香錢，不覺過分嗎？」

神像回道：「某甲是窮兇極惡的壞人，我不敢惹他；我要你添油香，誰叫你是好人呢？」

眞是好人難做，好在「人善人欺天不欺，人惡人怕天不怕」。

謙卑者得見佛陀

當初佛陀住世時，波斯匿王雖然貴為一國之王，見到佛陀、比丘，都要禮拜。大臣見了很不高興，心想，你是一國之王，我們向你禮拜，你反而要禮拜別人，須知王的頭是尊貴無比的，豈能將尊貴的頭，去禮拜別人？

波斯匿王聽了大臣這一番話，知道一時難以說明，便叫人包了一個東西到街上叫賣，聲明說：「這是波斯匿王的頭，一個只要一百元。」結果叫賣的人回來報告說：「民眾一聽是王的頭，無不拔腿就跑，甚至閉門不出。」隨後王又叫人提了一個豬頭去叫賣，一樣是一百元，結果大家覺得便宜，爭相搶購。叫賣的人據實報告後，波斯匿王便對大臣說：「你們說我的頭尊貴無比，但是從剛才的情形看來，我的頭還不如一個豬頭受歡迎，你們說，何來尊貴之有？」

人都有一顆我慢心，覺得自己很了不起，常常不自覺把頭抬得高高的，不肯低頭，更何況是磕頭？在佛光山的淨土洞窟，入口處門高只有四尺，每個人都必須低頭才能進門。有些人不了解，便責怪說：這實在是不懂建築，如果把門建高一些，不是比較容易進入嗎？其實不是不懂建築，而是故意建低，意思是告訴大家：想見佛陀，便須放下貢高我慢，以謙卑的身心，才能得見佛陀。

有一個哲學家曾經說過：「宇宙只有五尺高，六尺之軀的人要生活其中，必須低頭才能順利。」一個人愈長大、成熟，愈懂得謙虛，譬如稻穗愈豐實，頭便垂得愈低。

放不下

有一個年輕人在爬山時不小心從山頂上滑了下來，幸好他抓住了山腰間的一株小藤。上面是懸崖峭壁，下面則是萬丈深淵，這時，他緊張地大喊：「佛祖，佛祖，請您趕快來救我。」佛祖真的在他面前出現了，他說：「年輕人，我想救你，可是又怕你不相信我說的話。」年輕人聽了，急忙說：「佛祖，到了這個時候，我還敢不相信您嗎？我還能不聽您的話嗎？請您救救我吧！」

佛祖見這個青年苦苦哀求，就說：「好，我現在來救你，你把手放下來。」青年一聽，手抓得更緊。佛祖只好無奈地慨嘆：「年輕人，你手不放下來，我要怎麼救你呢？」

曬海苔

日本永平寺道元禪師在中國天童寺時，看到一位八十多歲駝著背的老禪師，在大太陽下曬海苔，道元禪師忍不住地說：「長老，您年紀這麼大了，爲什麼還要吃力勞苦地做這種事呢？請老人家不必這麼辛苦，可以找個人爲您老人家代勞呀！」

老禪師毫不猶豫地道：「別人並不是我。」

道元：「話是不錯，可是要工作也不必挑這種大太陽的時候呀！」

老禪師：「大太陽天不曬海苔，難道要等陰天或雨天再來曬嗎？」

禪者的生活，無論什麼，都不假手他人，也不等到明天，「別人不是我」、「現在不做，更待何時」，這是現代人應該深思的問題。

懂得轉境

有一個青年，熱烈地追求一位盲女，盲女受他的誠心感動，終於答應嫁給他。

一天，青年拿了一面鏡子給盲女看，並說道：「你看，你的美麗沒有人比得上。」

盲女傷心得將鏡子一摔：「你明明知道我瞎眼看不到，爲什麼要這樣哄我？」

青年很委屈地說道：「在我心目中，我並沒有想到你是瞎子。」

世間上的好壞、苦樂、憂喜，都是一念間的轉移，故懂得轉境是學佛者很重要的課題，也就是要懂得創造自己寬廣的天空。

莫貪不義之財

據說天堂和地獄中間只隔了一道牆。有一天，颱風把這一道牆吹倒了，天堂的玉皇大帝，和地獄的閻羅王非常著急，如果這道牆一倒，這天堂裡的人跑進了地獄，地獄的人跑進了天堂，亂了起來，那怎麼辦呢？所以雙方研究，趕快推選出一些代表來，計劃再把這道牆築起來。

研究的結果，天堂和地獄各推出三個代表。第一個代表是銀行家，因爲要建築這座牆，必須要財源；第二個代表是建築師，因爲築牆是一項工程，必須由工程專家來建；第三個代表是律師，因爲這座牆建好了以後，要研究這座牆的所有權，天堂和地獄各占多少。

地獄中的閻羅王早就派出了三個代表，而天堂裡的玉皇大帝，卻久久派不出代表來，閻羅王等得生氣了，打電話給玉皇大帝：「你再不派出代表來，以後天堂與地獄混亂的後果，你可要負責！」

玉皇大帝非常抱歉地說：「不是我不派出代表來，實在告訴你，我天堂裡面找來找去沒有這三種人才。因爲銀行家是專門剝削人的錢財，他們是不會進入天堂的；建築師偷工減料，那麼多的罪過，不會進入天堂的；而律師是專門挑撥離間，唯恐天下不亂，所以他們也不會進入天堂裡的。」

當然，這只是一段笑話，銀行家中的慈善家，工程師、建築師、律師中的慈善家也是很多。其他行業的像類似銀行家、工程師、律師一樣營業行爲的，也不能說沒有，所以一些詐騙行爲，營業所得的財富，都是非法的財富。

看不見別人的富翁

有一個富翁，覺得生活過得沒有意義，就去找一位哲學家，希望哲學家能減少他心中的愁苦。

哲學家就帶富翁到窗邊，對他說：「你看到些什麼？」

富翁：「我看見男男女女，還有小孩子。」

哲學家又帶他到一面鏡子前，問他：「現在你看到些什麼？」

富翁：「我看到我自己。」

哲學家：「窗和鏡子都是玻璃做的，可是鏡子的一面鍍上一層水銀，因此你看不見別人，只看見自己。」

富翁聽了，恍然大悟。

以智慧處事

話說有一個人在外面做生意，因為年關將近，急急忙忙地想回家過年，回家前突然想到要帶些東西回家給太太，在街上走著看著，這一樣家裡也有，那一樣家裡也有，突然看到一個老和尚坐在那兒，身旁寫著「賣偈語」的招牌。

「咦，什麼叫做賣偈語呢？」老和尚回答說：「你要向我買偈語，本來我一首偈語要二十兩黃金，看你是有緣人，打對折賣你，一首偈語十兩黃金就好。」

「喔，偈語是什麼呢？價值十兩黃金？怎麼這樣貴啊？好吧，就跟您買一首吧！」

老和尚就說道：「向前三步想一想，退後三步想一想，瞋心起時要思量，熄下怒火最吉祥。」「你記住：以後你若憤怒生氣的時候，要把我這一首偈語拿出來唸唸。」

「這四句話值得十兩黃金嗎？沒價值！沒價值！老和尚！你太欺騙人了！」老和尚哈哈一笑。這個商人覺得對方是個年老的出家人，也就不和他計較。

他就這樣子回家了。回到家正好是深夜，門也沒有上鎖，隨手一推就開了。想要叫太太，但太太已經睡著了，一看床底下竟有一雙女人和一雙男人的鞋子，他想：「你這不要臉的賤人，我不在家，你就做這樣的壞事。」一氣之下，立刻到廚房裡拿了把菜刀，想要殺死這一對姦夫淫婦。

正當舉刀要殺下去的時候，突然想起了那個老和尚賣給他的那首偈語，於是他開始唸了起來。他就在那裡進啊退啊、退啊進啊地唸著，這聲音把太太給驚醒了。

太太一醒來，看見丈夫站在床前，就說：「唉喲！你這個人，怎麼這樣遲才回來？」

丈夫怒道：「你床上還有什麼人？」

「沒有啊！」

「這雙鞋子？」丈夫指著鞋子責問。

「唉喲！今天是過年啊，你都還不回來，我實在好想念你，爲了圖個團圓的吉利，只好把你的鞋子擺在床前啊！」

丈夫一聽，大聲道：「有價值！有價值！就是黃金一百兩，一千兩，一萬兩也有價值！」

所以「智慧」能使你冷靜下來處理事情，不會衝動，不會出紕漏的。

不能代替

道謙禪師與好友宗圓結伴參訪行腳，途中宗圓因不堪跋山涉水的疲困，幾次三番地鬧著要回去。道謙就安慰說：「我們已發心出來參學，而且也走了這麼遠的路，現在半途放棄回去，實在可惜。這樣吧，從現在起，一路上如果可以替你做的事，我一定爲你代勞，但只有五件事我幫不上忙。」

宗圓問道：「哪五件事呢？」

道謙非常自然地說道：「穿衣、吃飯、屙屎、撒尿、走路。」

道謙的話，宗圓終於言下大悟，從此再也不敢說辛苦了。

諺語說：「黃金隨著潮水流來，你也應該早起把它撈起來。」世間上沒有不勞而獲的成就，萬丈高樓從地起，萬里路程一步始，生死煩惱，別人絲毫不能代替分毫，一切都要靠自己啊！

滴水和尚

儀山禪師有一天在洗澡的時候，因為水太熱，就呼叫弟子提桶冷水來加，有一個弟子奉命提了水來，將熱水加涼了，便順手把剩下的水倒掉。禪師不悅地說道：「你怎麼如此浪費？世間上不管任何事物都有它的用處，只是大小價值不同而已。你那麼輕易地將剩下的水倒掉，就是一滴水，如果把它澆到花草樹木上，不僅花草樹木喜歡，水本身也不失去它的價值，為什麼要白白地浪費呢？雖然是一滴水，但是價值無限的大。」

弟子聽後若有所悟，於是將自己的法名改為「滴水」，這就是後來非常受人尊重的「滴水和尚」。

滴水和尚弘法傳道，有人問他：「請問世間上什麼功德最大？」

「滴水！」滴水和尚回答。

「虛空包容萬物，什麼可包容虛空？」

「滴水！」

滴水和尚從此把心和滴水融在一起，心包太虛，一滴水中也有無盡的時空了。

人在世間，福報有多少？這是有數量的，莫以爲自己萬貫家財，若福報享盡，仍會一無所有。一個人該有多少金錢、多少愛情、多少福壽、多少享用，等於銀行存款，浪費開支，終有盡時，故節用惜福，雖是滴水，皆不廢棄，滴水雖微，大海亦是由滴水所成。

追求永恆的生命

佛經上有一段記載：有個老婦人死了可愛的兒子，每天悲傷難過，以淚洗面。當她傷心欲絕的時候，忽然想起世上唯一可以幫助他救活孩子的是佛陀，老婦人如獲一線光明，滿懷希望地去拜訪佛陀。老婦人見了慈悲的佛陀，彷彿溺水的人找到舟筏一樣，長跪哀求地說：

「佛陀！聽說您是人世間神通廣大的慈父，能夠幫助眾生解決一切困難。我有一個可愛的孩子，不幸死了，請求您救活他。如果您救活了我的孩子，我將成為您的弟子，護持佛教。如果您救不活我的孩子，我就不信仰您的教義！」

佛陀聽完老婦人無理的要求之後，不但不以為忤，並且慈祥地對她說：

「世間上有一種藥草，叫做吉祥草，如果你能找到一株，給你的孩子食用，一定能夠起死回生。」

老婦人聽說世上還有奇異的靈草，可以救活自己的孩子，迫不及待地追問說：「請問佛陀，哪裡有吉祥草呢？」

「這種吉祥草，生長在沒有死過人的人家之中，你趕快去找吧！」佛陀指示她。

老婦人於是晝夜奔忙，挨家挨戶叩求吉祥草，但走遍鄰里異國，沒有一戶人家不曾死過人，老婦人陷入絕望痛苦的深淵之中，驀地覺悟到：死亡是人人必經的過程，害怕死亡，並不因此而能免於死亡。

吾人面對死亡時，重要的是如何從無常的事相之中，積極地去把握現在的每一刻，進而追求永恆的生命！

現代故事

創意思維

有一家公司招考公關人員，應徵者有五百多人，其中一則考題是：「為什麼有些人喜歡過河拆橋？」

前十名成績最好的試卷中，多半抨擊過河拆橋的人忘恩負義，雖然文情並茂，卻引不起老闆的注意。有一位應考者的答案是：「如果前有大河，後有追兵，我們就得過河拆橋，防止敵人跟上來。」

老闆對其的評語是：「頭腦靈活，准以錄用。」後來又從落選的試卷中，發現另一應考人的答案是：「過河拆橋的原因是，前面還有河，需要使用僅有的材料繼續造橋。」老闆歡喜地表示，這才是最有創意的答案。

有句話說，魚在水裡吐泡，打破水面平靜，眞正的人才也是如此。

保持自己的水準

有一位教授，帶著小兒子到市場去買水果，在水果攤上挑選水果時，小販很不耐煩地說道：「先生，你到底買不買？不要這樣挑來挑去的。」

教授禮貌地回道：「要買！要買！」接著把挑好的水果交給小販，並問多少錢？小販不以爲然地說：「這可是很貴的哦，你買得起嗎？」教授依舊謙虛地回答：「買得起，買得起。」並把錢遞給小販。

在回家路上，小兒子一路沈默，快到家時，實在忍不住，便問道：「爸爸，您是教授，是學者，在我心目中是偶像，是令我景仰的人，爲什麼今天卻讓小販如此吆喝？難道您一點也不生氣嗎？」

教授回答道：「待人有理、謙虛、禮貌是我的水準，無禮、勢利是小販的水準，我不能因爲一個粗魯的人，而破壞我自己的水準。」

不捨一人

二十多年前，佛光山沙彌學園剛剛成立時，有些家長將家中智能較低、無法管教的孩子們送來，我本著佛法不捨一人的信念，全部收容下來。這些孩子雖然反應差，不念書，但是頑皮好動的本性，比起一般兒童來，卻有過之而無不及。一些老師向我反應，這些孩子只會搗蛋、壞事，而不知感恩，不如將他們遣回。我說：「讓我來教他們吧。」

我經常拿一些文章給他們抄，並且不時以愛語鼓勵。幾年過去了，他們從抄寫中了解讀書寫作的脈絡方法，漸漸變得聰明起來，後來自己投稿登在《覺世》旬刊上，高興地捧著佳作給我看。

不久，我在東山建了一座籃球場，每天和他們玩，久而久之，他們從打籃球的遊戲中，學到了遵守規則、懺悔認錯、禮讓對手、人我合作的理念。

有的孩子甚至無師自通，竟然成爲山上最會修理水電的技工，連外面請來的工人看了，都自嘆不如。

有一回，其中一個沙彌騎著摩托車出外找水電材料時，不愼被來車撞上，立刻倒地，昏迷不醒，抱到醫院急救，睜開眼睛的第一句話是：「請你告訴師公，我已經好了。」誰說他們只會搗蛋、壞事，不知感恩呢？

師公的墨寶

一九九四年農曆新春期間，佛光山台北道場爲了籌募佛光大學建校基金，舉辦了一系列「佛光緣藝術精品義賣」。其中的一場義賣，穿插義賣我的書法。

「兩萬」、「六萬」、「十萬」……隨著大家情緒愈來愈高漲，叫價也隨著攀升。在父親帶領下來參加這場義賣盛會的王小弟弟，捏著手中僅有的一張百元鈔票，焦急地轉著小腦袋，追尋著四處響起彷若天價的競標聲音。

就在「二十萬」呼出的同時，突然一道稚嫩的童音喊出「一百元」，霎時，鼎沸的人聲靜了下來。

「二十萬我不賣了，一百元賣給這個小朋友，」我說。

王竝開懷地笑了，台下大眾的掌聲更響。

小費是歡喜錢

過去，香港的計程車司機拒載出家人，因爲他們認爲出家人光頭，會使他們一出門就賺不到錢，乃至賭錢賭馬也會輸光光。

爲了改變港人的成見，每逢搭計程車，我都在車資以外，附上豐厚的小費，給他們歡喜，讓他們發財。有一次，我在紅磡體育館演講時，對聽眾們說：「出家人就是財神爺，能帶給眾生物質與精神、世出世間的財富。」台下一片掌聲雷動。

經過多年的努力，香港人現在很喜歡出家人，尤其喜歡聽聞佛法，因爲聞法會改變觀念，好的觀念就能獲得財富。

我主張給小費，因爲我覺得小費是小小的布施，小費是歡喜錢，給小費就是有人情味的表現。我現在在香港坐計程車，司機反而不收我的費用了。

權充駕駛

一九八八年，西來寺還有一部分建築仍在施工當中，信徒劉喜妹因爲聽說西來寺富麗宏偉，有「西方的紫禁城」之稱，特地遠從台灣前來一睹盛況。

我那時剛學會駕車，於是邀她一同坐車，前往工地巡視工程。在車上，我告訴她：「開車就好像在人生的路上行菩薩道——要布施歡喜，處處爲別人著想；要遵守交通規則，不亂闖紅燈；要忍耐天候路況不佳，謙讓過路的行人；要集中心志，內禪外定；要有精進力，不怕辛勞；要運用智慧，反應靈敏。唯有實踐六度，才能讓我們安全地到達目的地。」她聽了以後，十分歡喜，說道：「我雖然學佛多年，直到今天聽了您一席話，才懂得什麼是佛教。」

臨走時，我和她說：「你將來可以告訴別人，星雲大師曾經當過你的駕駛。」大家聽了，哈哈大笑。

回去以後，她果眞逢人便說：「星雲大師幫我開過車子。」

當別人告訴我這件事時，我莞爾一笑，說道：「可惜僅此一次。」

方便法門

依德法師剛出家時，俗心未脫，尤其對於蛋的滋味，始終不曾忘懷，所以經常藉故請假回家，好方便弄一些蛋來吃。有一次聽說他又要請假回家，我就囑咐楊慈滿師姑爲他煮蛋、煎蛋、滷蛋、燉蛋、炒蛋……做各式各樣的蛋給他吃。

依德知道我不准他的假，難過得來找我，我勸他到楊慈滿那兒去一趟，再回來找我。他照著我的話去做，到了那裡，一看，哇！滿桌子都是蛋。這一吃，從此他對蛋望而生畏。

當初在一旁怪我擅開惡例的徒眾，後來也都佩服我的方法高妙。爲了讓一個人回頭，這也是一種不得已的方便法門啊！我常想，有關很多「人」的問題，如果我們都能帶著寬容的心胸易地而處，就比較容易迎刃而解。

玻璃絲襪

黃秀美是一位美麗、柔和，洋溢著歡笑的女孩，即使在佛光山讀佛學院時，仍然帶著一點紅塵的夢想。

有一次，有人隨口問她：「秀美啊，你想不想出家？」那孩子卻稚情、認眞地說：「我還沒穿過玻璃絲襪呢！」（當時玻璃絲襪是稀有時髦的）

後來，有機會到美國，我託人買了幾雙玻璃絲襪。海關人員檢查我的皮箱時，露出不解的異樣眼神，彷彿在問我：出家人買玻璃絲襪雖然不犯法，但是買它做什麼？我心裡想，爲了滿足一個學生穿玻璃絲襪的夢想，爲了對一個徒眾發稀有的出離心表示鼓勵，先生你哪裡會曉得出家人也有天下父母心啊！

爲車子養老

三十年前，在台灣擁有汽車的人還不是很多，我決定買一輛車子代步，以便四處弘法。當時台灣的民智還未開，對出家人尤其抱有偏見，出家人即使騎單車、戴手錶、用鋼筆，都會受到批評議論。所以，當我提出這個意見時，一些徒眾們紛紛質疑，我還是力排眾議。

第二天親自走訪車店，發現「載卡多」雖然比轎車貴了一些，卻能載更多的人，於是買了一輛九人乘坐的「載卡多」，並且請車廠改裝成二十六個座位，好讓我的學生、徒眾都能和我一樣出外參訪。由於車廂大，輪胎小，所以每次行車時，總是一路顛簸搖晃，甚至有好幾次連人帶車衝入水溝，翻到路邊，承蒙佛菩薩保佑，每次都是有驚無險。儘管如此，我們不但不害怕，反而使得師徒之間的感情更加融洽。

十多年以後，車子功成身退，許多廠商說盡好話，欲出價收購，一向隨喜隨緣的我卻堅持不給別人，連弟子們都感到奇怪，我告訴他們：「這輛車子隨著我南征北討，走遍全省大街小巷，立下汗馬功勞，現在退休了，我要爲它『養老』。」

買鞋加價

一九六四年的夏天，葉鵬勝的父親背了一袋僧鞋，頂著烈日，汗流浹背，來到壽山寺兜售。我當時爲了籌措辦學經費，經濟十分困難，但是想到當年出家人很少，僧鞋的生意一定不好，於是上前問他價錢，他說：「一雙三十元。」我掏出四十元向他購買一雙，他抬起頭來，奇怪地望著我：「別人都要求我打折扣，爲什麼你不還價，反而還要加價？」

我說：「如果你不做生意，我們就很難買到僧鞋。如果你能多賺一點利潤，拿這些錢來改善品質，大量生產，可以便利我們購買。所以，我這樣做，不只是爲了幫忙你，更是在幫我自己，你安心收下吧。」「我從來沒聽過世間上還有這種道理的」，他摸著後腦勺，欣然地成交。後來，他將自己的兒子葉鵬勝送來就讀沙彌學園。

國家圖書館出版品預行編目資料

星雲大師談讀書 / 星雲大師 著.
-- 第一版. -- 臺北市 : 遠見天下文化, 2010.12
面； 公分

ISBN 978-986-216-666-6（平裝）

1.佛教說法

225.4 99024401

BBOX027A

星雲大師談讀書

作　　者｜星雲大師
總 編 輯｜吳佩穎
主　　編｜項秋萍
責任編輯｜李麗玲
封面照片｜佛光山提供
內頁照片｜遠見雜誌提供
內頁設計、美術編輯｜劉信宏（特約）
封面設計｜19玖IX｜張治倫工作室 郭育良（特約）

出版者｜遠見天下文化出版股份有限公司
創辦人｜高希均、王力行
遠見．天下文化 事業群榮譽董事長｜高希均
遠見．天下文化 事業群董事長｜王力行
天下文化社長｜林天來
國際事務開發部兼版權中心總監｜潘欣
法律顧問｜理律法律事務所 陳長文律師
著作權顧問｜魏啟翔律師
社址｜台北市104松江路93巷1號2樓
讀者服務專線｜（02）2662-0012
傳真｜（02）2662-0007　（02）2662-0009
電子信箱｜cwpc@cwgv.com.tw
直接郵撥帳號1326703-6號　遠見天下文化出版股份有限公司

電腦製版｜東豪印刷事業有限公司
印刷廠｜中原造像股份有限公司
裝訂廠｜中原造像股份有限公司
登記證｜局版台業字第2517號
總經銷｜大和書報圖書股份有限公司　電話（02）8990-2588

出版日期2002年5月25日第一版第1次印行
　　　　2023年8月30日第三版第2次印行
定價330元
EAN｜4713510943861 (平裝)
書 號｜BBOX027A

天下文化
BELIEVE IN READING